KB106504

학교 가는 길 집으로 가는 길

학교 가는 길 집으로 가는 길

발행일   2023년 4월 24일

지은이   김영호
펴낸이   손형국
펴낸곳   (주)북랩
편집인   선일영   편집   정두철, 배진용, 윤용민, 김부경, 김다빈
디자인   이현수, 김민하, 김영주, 안유경, 최성경   제작   박기성, 황동현, 구성우, 배상진
마케팅   김회란, 박진관
출판등록   2004. 12. 1(제2012-000051호)
주소   서울특별시 금천구 가산디지털 1로 168, 우림라이온스밸리 B동 B113~114호, C동 B101호
홈페이지   www.book.co.kr
전화번호   (02)2026-5777   팩스   (02)3159-9637

ISBN   979-11-6836-852-1 03370 (종이책)   979-11-6836-853-8 05370 (전자책)

(주)북랩 성공출판의 파트너

북랩 홈페이지와 패밀리 사이트에서 다양한 출판 솔루션을 만나 보세요!

홈페이지 book.co.kr   •   **블로그** blog.naver.com/essaybook   •   **출판문의** book@book.co.kr

작가 연락처 문의 ▸ ask.book.co.kr

작가 연락처는 개인정보이므로 북랩에서 알려드릴 수 없습니다.

초등 교육에 헌신한 제일 머슴의 마지막 수업 이야기

학교 가는 길
집으로 가는

김영호 지음

영호의 '학교 가는 길 집으로 가는 길'입니다.

배우러 학교를 가고 집으로 돌아오는 길도 있었습니다. 언제부턴 가 가르치러 학교를 가고 다시 집으로 돌아오는 길도 있었습니다. 어떤 때는 가르치고 배우는 게 구분이 없는 학교 가는 길과 집으 로 가는 길이기도 했습니다.

2020년 8월부터 대구신문에 매월 '선생님의 글'을 연재하고 있습 니다. 학교의 소소한 일상에서 오래된 미래의 이야기 등이 씨줄과 날줄로 엮여 있습니다. 그리고 매일신문에 실린 가족 이야기도 있 습니다. 영호의 업무 중 하나인 학교의 보도 자료로 작성한 내용 도 있습니다. 틈틈이 생각을 정리한 글도 있습니다.

이런 글들을 모았습니다. 경어체와 평어체가 뒤섞인 것을 모두 경어체로 바꾸었습니다. 그리고 신문 지면의 문제로 다 싣지 못한 것은 원문을 그대로 실었습니다. 시간이 지나면서 수정을 해야 하 는 것도 있었습니다. 최근의 내용을 추가한 것도 있습니다. 중복이 되는 깃은 어느 하나에만 넣었습니다. 그래도 조금은 겹치는 것도 있습니다. 따로 출처를 밝히지는 않았습니다.

이런 과정을 거쳐서 처음 정한 제목이 '수업의 길 영호의 길'이었습니다. 우리 학교 국어과 선생님 세 분과 협의를 하면서 '학교 가는 길 집으로 가는 길'로 제목을 확정했습니다. 제목을 정하고 보니 즐겨 보는 다큐멘터리 '학교 가는 길, 차다'와 즐겨 부르는 노래 '남자의 인생'에 나오는 '집으로 가는 길'과 겹치게 되었습니다.

〈학교 가는 길〉은 수업 이야기입니다. 영호의 초등학교 6학년 수업 이야기부터 현재 우리 대구교육대학교대구부설초등학교의 수업 이야기가 오고 가기를 반복합니다. 수업받은 이야기, 교장인 영호가 한 수업 이야기, 선생님들과의 교학상장, 영호가 특별히 애착을 가진 국어에 대한 이야기 등입니다.

〈집으로 가는 길〉은 영호의 인생 이야기입니다. 당연히 수업 이야기도 있습니다. 우리 교대부초의 생활의 많은 부분이 들어있습니다. 영호의 어릴 적과 현재의 집안 이야기입니다. 교장으로 전입하면서 공약한 것의 자체 점검도 있습니다. 그리고 마지막에는 오늘도 좋은 날이기를 소망하는 바람도 있습니다.

'학교 가는 길 집으로 가는 길'의 학교와 집은 전통적이고 사전적인 의미도 있습니다. 그런 의미로 작성한 것도 있습니다. 하지만 학교가 집이자 집이 학교인 그런 복합적인 의미도 있습니다. 이런 관점에서 쓴 글도 있습니다.
'학교 가는 길 집으로 가는 길'에서 길은 복합적인 의미로 사용했습니다. 사람이나 동물 또는 자동차 등이 다니는 땅 위의 길이란 의미가 있습니다. 영호가 추구하는 인생의 방향, 수업 철학이나 인생철학 등의 의미도 있습니다.

2023년 9월 1일부터는 더 이상 전통적인 의미의 학교 가는 길은 없습니다. 집으로 돌아가는 길입니다. 그래서 지금까지의 학교에 가고 다시 집으로 가는 길의 작은 조각을 모았습니다.

그동안 영호를 지지해 준 아내 이영숙과 아들 김광섭, 딸 김유정, 누님과 동생 등 김가네 가족에게 감사를 드립니다. 윤문과 제목 등을 함께한 우리 학교 국어과 박정후, 손광수, 이수진 선생님께 감사를 드립니다. 졸저에 과분한 응원의 글을 써 주신 김명옥, 정재훈, 정현숙, 박동채, 손광수, 배현진 선생님께 존경의 마음을 담아 드립니다.

　기회가 되면 새로운 의미의 '학교 가는 길 집으로 가는 길'로 여
러분들을 만나 뵐 것을 약속드립니다.

　사랑합니다.

2023년 5월

김영호 드림

학교에서 집으로 이어질 교장 선생님의 따뜻한 삶, 그 여정에 감사하며

대구 교육에 대한 김영호 교장 선생님의 공로는 누가 보더라도 분명해서, 여느 사람들이 선배님을 떠올린다면 교육에 대한 기여와 열정에 대한 찬사가 대부분일 것이다. 나 역시도 이 점에 백번 동의하지만, 개인적으로 선배님에 대한 나의 특별한 존경은 다른 곳에 있다.

수십 년 전, 우연히 선배님이 학부모와 편지글로 소통하시는 것을 보았다. 오늘은 아이들과 무엇을 했다, 아이들과 집에서 이런 내용을 살펴 달라. 짧지만 꾸밈없는, 진실한 그 편지들은 그 당시 내게 교사로서 큰 성찰을 하게 만들었다.

그런 점에서 '학교 가는 길 집으로 가는 길'을 펴내 주신 교장 선생님이 참 고맙다. 책 속에는 수업을 사랑하시는 선배님의 환한 웃음만큼이나 자상하고 따뜻함이 그득하고, 진심이 고스란하다. 선배님의 서정적인 문체는 이야기의 장면 장면들을 금세 떠올릴 수 있게 하는 힘을 가지고 있다.

책의 첫 파트인 '학교 가는 길'에 등장하는 이야기들은 바로 모든 학교와 교실의 모습과 같다. 선배님은 작은 일상을 따뜻하게 나누면서 교육에 대한 묵직한 주제를 전하고 있다. 아이들에 대한 따뜻한 마음, 선생님들에 대한 세심하고 자상한 격려, 가정에서의 자녀교육 방법 등 교육에 대한 애정이 가득한 이야기들이다.

제대로 된 수업은 무엇인지, 아이들과 눈높이를 맞추는 것은 어떤 것인지 등 교육자 모두가 수업에 대해 깊이 성찰할 수 있도록 끊임없이 격려하며 자신감을 북돋아 준다. 그리고 교실에서 아이들과 함께 수업하시면서 우리 스스로를 좋은 수업에 참여하도록 이끌어 주는 역할도 망설이지 않는다.

'학교 가는 길'이 수업의 여정이라면, 두 번째 파트인 '집으로 가는 길'은 인생에 대한 여정이라고 할 수 있겠다. 일상적인 삶을 관조하는 선배님의 너그러움이 그대로 묻어나는 이 부분은 읽기에 참으로 유쾌하다. 시골에서 땔감을 태우면서, 수확의 흐뭇한 자리에서도 선배님이 추구하는 아름다운 삶의 한 모습을 살펴볼 수 있어 즐거웠다. 이렇게 학교와 집의 이야기들이 마치 아름다운 조각보처럼 잘 엮인 책을 만나게 되어 기쁘다.

'오늘도 참 좋은 날, 바로 화양연화입니다.'

이 책의 맺음말은 선배님이 살아온, 그리고 앞으로 살아갈 삶의 태도에 대한 요약이다. 아름다운 그 삶의 여정을 책으로 함께 나눌 수 있게 되어 감사할 뿐이다.

김명옥

교육학 박사, 대구영선초등학교 교장

선생님이 가야 할 길을 제시하다

김영호 교장 선생님과의 인연은 지금으로부터 약 7년 전으로 거슬러 올라가, 제가 교육 전문직으로 정식 발령을 받은 대구광역시 남부교육지원청에서부터 시작되었습니다. 당시 저는 장학사로, 교장 선생님은 초등교육지원과장님으로 각자 발령을 받아 함께 근무하였고, 지금까지 연을 이어오고 있습니다.

김영호 교장 선생님께서 과장님으로 계셨을 때 늘 하시던 말씀이 떠오릅니다. 지원청의 역할은 학교 교육 과정 지원이고, 핵심은 학교 현장에서 선생님들이 좋은 수업을 할 수 있는 여건을 지원하는 것이라는 말씀입니다. 그리고 실제로도 학교 현장을 자주 찾아가서 선생님들과 협의를 통한 소통에 적극적으로 힘쓰셨습니다. 그만큼 수업에 대한 교장 선생님의 철학은 확고하였고, 장학사들도 수업에 대한 연수 및 연구를 계속하도록 이끌어 주셨습니다. 아직까지도 제 기억 속에 생생히 남아 있는 교장 선생님의 일화를 소개합니다.

당시 초등교육지원과장님이셨던 교장 선생님이 직접 학생들을 대상으로 공개 수업을 하겠다고 말씀하셨을 때, 장학사들은 모두 '설마?' 하고 반신반의했습니다. 그전까지 교육지원청의 과장님이 학교 현장에서 한 시간 동안 오롯이 수업을 공개한 사례는 금시초문이기 때문입니다. 그러나 공문을 통해 대구광역시남부교육지원청 관내에 공개 수업을 알렸고, 실제로 대구죽전초등학교에서 공개 수업을 진행하셨습니다. 공개 수업의 계획과 준비, 수업, 협의회 등 모든 과정을 옆에서 지켜본 저로서는 과장님의 수업에 대한 열정과 진심에 놀라지 않을 수 없었습니다.

초등교육지원과장에서 교장 선생님으로 전직하신 후에도, 지금까지도 학생들과 함께 수업을 하고 계신다는 이야기를 계속 듣고 있습니다. 교장으로 첫 발령지인 대구교동초등학교 그리고 현재 대구교육대학교대구부설초등학교에서도 여전히 전 학년을 대상으로 4시간씩 수업을 진행하고 계십니다. 올해 초보 교감이 된 저도 '김영호 교장 선생님처럼 수업에 진심일 수 있을까?'라는 물음을 스스로 던져 보며 반성하게 됩니다.

'학교 가는 길 집으로 가는 길'은 수업에서 느꼈던 소회들을 과거 교장 선생님 자신('영호'라 칭함)의 경험과 오버랩하면서 써 내려 간 책으로 위트 있는 글솜씨에 술술 읽다가도 고개를 끄덕거리게 하는 진솔함이 있습니다. 그만큼 수업 실천가인 교장 선생님의 수업에 대한 철학과 고민이 잘 담겨 있습니다.

이 책을 읽고 저 스스로에게 다시 묻습니다.

'나의 교직 생활 화양연화(花樣年華)는 언제였고, 언제일까?'

정재훈

교육학 박사, 대구화원초등학교 교감

인향만리(人香万里)

아직도 생생히 기억납니다.

교장 선생님과 처음 만남의 순간. 2018년 12월의 어느 날이었습니다. 교장 선생님께서는 그 당시 대구광역시남부교육지원청 초등교육지원과장으로 근무하고 계셨습니다. 당시 초등교육지원과장으로 계시면서 매달 학교로 편지를 보내 주셨습니다.

제가 교장 선생님과 첫 만남을 하게 된 것도 바로 그 편지 덕분입니다. 당시 대구광역시남부교육지원청에 속한 학교들이 하나하나 잘하고 있는 점을 언급해 주셨습니다. 그 마음이 현직에서 수업을 하며 제가 아이들 하나하나를 바라보던 그 마음과 너무나 닮아 있어 편지를 통하여 과장님의 진심을 느꼈노라 짧게 답장을 보냈습니다.

교장 선생님께서는 제가 보낸 작은 메아리를 들으시고 근무하고

있는 대구죽전초등학교를 찾아 주셨습니다. 붕어빵이 든 봉지를
한 손에 드시고…. 그런 인연으로 교장 선생님께서 당시 6학년이던
저희 반 아이들과 공개 수업을 해 주셨습니다. 아이들에게도 저에
게도 정말 잊을 수 없는 행복한 추억이 하나 생겼습니다. 아이들은
교장 선생님과 행복에 관한 수업을 했습니다. 저희 반 아이들은 교
장 선생님과 수업하기 전까지 교장 선생님을 '키다리 선생님'으로만
알았습니다. 그 키다리 선생님은 저에게도 키다리 선생님이 되어
주셨습니다.

　얼마 전 현직에서 교장 선생님의 마지막 저서에 응원의 글을 써
달라는 부탁을 받았을 때 너무 영광스럽기도 하면서도 제가 그럴
자격이 되는지 조금 걱정스럽기도 하였습니다. 짧은 만남 속에서
도 늘 교장 선생님이 쓰신 기사들과 SNS에 기록된 교장 선생님의
삶의 자취들을 보면서 많은 것을 느끼고 닮아 가고 싶다는 생각을
늘 합니다. 지금 당장 교사로서 유능해지기보다 중간에 포기하거
나 흔들리지 않고 내가 정한 길을 묵묵히 걸어가야겠다는 마음입
니다. 교장 선생님을 뵈면서 문득 영화 '아름다운 세상을 위하여'
를 떠올렸습니다.

　무언가 진정으로 도움이 되는 일이지만,
　사람들이 스스로 해결할 수 없는 일을,
　내가 다른 사람들을 위해 해 주되, 도움을 받은 사람은 다른

세 사람에게 똑같은 조건의 도움을 베푼다.

'아름다운 세상을 위하여' 영화 속에서 이제 중학생이 된 주인공 트레버는 우리가 사는 세상을 좀 더 나은 세상으로 바꿀 수 있는 방법을 생각해 오라는 선생님의 과제에 진심을 담아 과제를 수행해 나가며 '사랑 나누기'라는 아이디어로 '도움 주기(Pay it forward)'를 통해 세상을 아름답게 바꾸어 나갑니다. 설마 그게 될까? 사람들이 협조를 할까? 불가능해? 등의 부정적인 생각만 했더라면 시작도 해 보지 못한 채 끝났을 일. 하지만 중학생의 긍정적이고 순수한 마음에서 시작된 도전은 결국 조금씩 세상을 아름답게 살 만한 곳으로 변하게 합니다.

교장 선생님의 삶의 모습을 짧게나마 지켜본 한 사람으로서 교장 선생님의 모습이 영화 속 주인공과 같이 본인의 소신과 신념에 따라 살아가시면서 많은 편견과 장벽에 부딪치셨을 겁니다. 교장 선생님이 수업을 한다고? 너무 별스러운 거 아냐? 하고 말입니다. 요즘은 수업하기 힘들어서, 담임하기 힘들어서, 나이 들면 학교를 나가야 하고 승진이라는 길을 선택하기도 합니다. 그러나 교사로서 가장 중요하고 가장 기본이 되어야 할 것이 수업임을 '학교 가는 길 집으로 가는 길'을 통해 다시 한 번 되새깁니다.

'선생님이 바뀌면 수업이 바뀝니다. 수업이 바뀌면 학교가 바뀝니다. 결국 학교의 시작도 끝도 수업입니다.'라는 교장 선생님의 철학이 교직 사회에 계속 이어져 나갈 것이라 확신합니다.

교장 선생님, 사랑합니다. 학교 가는 길과 집으로 가는 길이 서로 반대 방향이 아니셨던 것처럼 앞으로도 교장 선생님의 삶의 모습은 많은 후배들에게 마중물이 될 것입니다.

정현숙

대구태전초등학교 교사

우리, 헤어지는 연습을 합시다

아침 7시, 조용한 학교 주차장으로 들어선다. 그러나 그곳에는 나보다 먼저 도착한 사람이 있다. 나의 수업 친구, 우리 학교 제일 머슴이라 자처하시는 김영호 교장 선생님이다. 구미에서 평생을 출근하신 교장 선생님은 여름이나 겨울이나 눈이 오나 비가 오나 언제나 일상 풍경 속에 먼저 자리 잡고 계신다. 나에게는 주차장에 자리 잡은 차 한 대와 하나둘씩 켜져 가는 건물의 불빛들이 이제는 익숙하고 행복한 장면이다. 교장 선생님은 이미 나의 교실을 지나 모든 건물의 불을 켜고 냉난방기를 조절하고 계실 것이다. 다른 이들의 편안함을 위해 자신의 시간을 조금 더 내어 주는 사람, 그런 그의 인생이 이 책에 고스란히 담겨 있다.

"나에게도 수업할 시간을 주십시오."

'학교 가는 길'을 읽으며 교장 선생님과의 첫 만남이 자연스레 떠올랐다. 2019년 2월의 햇살 좋은 오후, 대구광역시남부교육지원청에서 처음 만난 그는 다소 무뚝뚝한 표정과 목소리로 교장의 수업

권리를 주장하셨다. 우리의 수업을 참관하겠다는 것이 아니라 본인이 수업을 하시겠다니, 참 독특한 분이라는 생각이 들었다. 그 소식을 들은 대구교동초등학교 선생님들의 기대와 두려움은 더욱 커졌다. 도대체 무엇을 보여 주려고 그러시는 것일까, 수업을 핑계로 매일 교실에 들어오고 간섭하시려는 것은 아닌가. 걱정 반, 기대 반으로 교장 선생님의 수업이 시작되었다. 아이들과 눈을 맞추고 열린 마음으로 소통하는 편안하고 따뜻한 집밥 같은 수업이었다. 아이들을 하나씩 알아가고 모든 구성원들과 소통하는 과정 속에서 우리 사이에는 신뢰가 자라났다. 그렇게 교장 선생님은 우리의 소중한 수업 친구이자 코치가 되어 주셨다.

"교장 선생님도 학교 오는 것이 싫을 때가 있습니까?"

"나도 일찍 일어나고 출근하는 것이 힘들 때가 있지."

말은 이렇게 하셨지만 아무리 생각해도 교장 선생님은 출근을 좋아하시는 것 같다. 어쩌면 출근의 힘듦을 토로하는 후배를 위로하기 위해 건넨 말일지도 모르겠다. 그렇게 한참 이야기를 나누다 보니 그의 '집으로 가는 길' 속 일상이 참 아름다워 출근이 싫을 수도 있겠다는 생각이 들었다.

나의 일상 풍경이 되어 버린 수업 친구가 이제 집으로 간다. 솔직히 말하자면 나는 그가 학교에 오지 않는 것이 싫다. 텅 빈 주차장에 들어가는 것도 싫고 교문 앞에서 아이들을 반기는 굵고 큰 목소리가 들리지 않는 것도 싫다. 그와의 헤어짐을 상상하자 코끝이 시큰거린다. 그래서 마음속으로 헤어지는 연습을 해 본다. 여러

번 반복했지만 헤어짐은 여전히 힘들고, 매번 실패로 끝난다. 그래도 다른 일상 속에서 환하게 빛날 그를 떠올리니, 새롭게 펼쳐질 길과 그 길에 대한 이야기가 기다려진다.

김영호와 함께했기에 참 좋은 날들, 화양연화였다.

박동채
대구교육대학교대구부설초등학교 교사

길을 만든 걸음

쉽게 이목을 끄는 자극적인 동영상이나 웹드라마 등의 뉴미디어가 쏟아져 나오는 2023년의 어느 봄날, 제가 존경하는 '늙으신' 교장 선생님은 묵묵히 한 권의 책을 엮으셨습니다. 만약 지금이 컴퓨터가 없는 시대였다면 직접 칼로 연필을 깎고, 빛바랜 종이를 끈으로 엮을 것만 같은 모습으로, '학교 가는 길 집으로 가는 길'이라는 표지 안에 성실하게 페이지를 채워 나갔습니다. 큰 키에 유난히 꼿꼿한 걸음걸이가 인상적이라 수많은 인파 속에서도 쉽게 찾을 수 있는 저의 선배님은 이렇게 교직의 마지막 걸음을 준비하고 계셨습니다.

부끄러운 이야기지만, 저는 어릴 적 이후로는 책 읽기를 즐기지 않았습니다. 시간이 없다는 핑계로 그저 누군가의 어깨너머로 들은 책 제목에 아는 체를 하며 얕은 대화를 이어 나가는 데 만족하는 불성실한 독자입니다. '영호의 수업 친구'라는 모임으로 교장 선생님을 만났을 때 추천해 주신 신영복 선생의 책도 결국 끝까지 읽지 못했습니다. 훌륭한 책이라는 것은 첫 장을 넘기면서 바로 알았지만, 불성실한 저에게는 내용과 표현이 어려워 읽다가 덮다가를 반복하다 아직도 새 책에 가까운 상태를 유지하고 있습니다.

그런 저에게 교장 선생님은 누구라도 교장 선생님이 온다는 것을 알 수 있도록 음악을 크게 틀고, 특유의 꼿꼿한 걸음으로 제 교실에 오셔서 책 뭉치를 건네주셨습니다. "책이 어떤지 한번 읽어 봐" 하시는데 그때의 표정이 조금 쑥스러워 보이기도 하고, 조금 신이 나 보이기도 했습니다. 그리고 그날 저는 어른이 된 이후 처음으로 책을 이해하는 척하지 않고 즐겁게 읽었습니다.

국어과 수업을 연구하며 '읽기는 내면의 쓰기 과정, 쓰기는 내면의 읽기 과정'이라는 말을 많이 했는데, 이제야 그 말이 진정으로 이해가 갑니다. 이 책을 읽는 동안 교장 선생님의 교직에서의 걸음을 엿볼 수 있었고, 마음속으로는 교사라는 직업을 가진 저의 이야기를 쓰고 있었습니다. 이 글은 우리가 어릴 적 궁금해했던 선생님들의 이야기이면서, 동시에 저보다 먼저 같은 길을 걸어간 선배 교사의 고민을 담은 이야기입니다. 그리고 또 앞으로 우리 교사들이 걸어갈 길에 대한 이야기이기도 합니다.

길은 처음부터 길이 아니었습니다. 서툰 걸음으로 학교와 집을 오가며 거친 땅을 걷다 보니 그것이 길이 되었습니다. 단단한 걸음으로 걸었기에 판판하게 펼쳐졌고, 그렇게 만들어진 그 길을 이제 우리가 또 걸어갑니다. 소작농의 아들로 태어난 어린 영호가 이제는 정말 늙은 교장 선생님이 되어 자신이 걸어온 그 길을 우리에게

전해 줍니다. 그래서 이 책의 제목이 '학교 가는 길 집으로 가는 길'인가 봅니다.

좋은 수업을 하고 싶고, 따뜻한 교사가 되고 싶고, 어제보다 더 나은 사람이 되고 싶은 사람들에게 이 책을 소개합니다. 그가 평생에 걸쳐 만든 길을 읽으며, 그 위에 여러분의 발걸음을 써 내려가기를 희망해 봅니다.

손광수

대구교육대학교대구부설초등학교 교사

대한민국에서 가장 좋은 수업을 하는
학교의 제일 머슴

학교에서 수업을 마치고 퇴근을 준비하는 중에 한 통의 메시지를 받았습니다. "교장 선생님 할 말이 있어요."로 시작하는 장문의 메시지의 끝에는 인사와 함께 '대구교육대학교대구부설초등학교 제일 머슴 드림'이라는 발신인 표시가 있었습니다. 전혀 예상하지 못했던, 딸아이의 학교 교장 선생님으로부터 온 메시지는 학부모를 당황하게 만들기에 충분했습니다. 무슨 일인가 싶어 조심스럽게 읽어 본 메시지는 다행스럽게도 소소하고 즐거운 이야기를 담고 있었습니다.

1학년에 갓 입학해 급식소에서 만난 교장 선생님께 국어 교사인 아버지를 아시느냐고 물었다는 당돌한 딸아이. 그리고 그런 아이의 말을 가볍게 흘려듣지 않고, 저를 우리 학교 교장 선생님도 알고 계시는 유명한 아버지로 만들어 주신 교장 선생님. 집에 돌아

와 신이 나 이야기를 하는 아이에게 아버지는 어떻게 담임 선생님
도 아닌 교장 선생님과 그런 이야기를 했냐며 물어보니 아이의 입
에서 나온 말이 걸작입니다.

"우리 교장 선생님은 친구 같아. 세상에서 제일 친절하셔."

아이가 건넨 말 한마디에 메시지 마지막에 적혀 있던 교대부초
의 제일 머슴이라는 소개가 떠올랐습니다. 입학한 지 2주밖에 되
지 않은 1학년 햇병아리가 친구처럼 생각하는 교장 선생님. 그런
교장 선생님에게 가장 어울리는 소개가 '제일 머슴'이 아닐까요.

교대부초의 제일 머슴이 보내 주신 '학교 가는 길 집으로 가는
길'이 주는 깊은 감동은 두 길이 곧 하나로 통하기 때문입니다. 배
우러 학교를 가고 집으로 돌아오는 길, 가르치고 배우는 게 구분
이 없는 학교 가는 길과 집으로 가는 길이 수업 이야기와 인생 이
야기로 나누어져 있지만, 책 속의 주인공이 걸어가는 길을 따라가
다 보면 결국 같은 길을 함께 걷고 있는 나의 모습을 보게 됩니다.
그 길 속에는 수업에 대한 고민과 철학, 아이들에 대한 사랑, 겸손
함과 자부심이 모두 스며 있습니다.

대한민국에서 가장 좋은 수업을 하는 학교는 하루하루 더 좋은
수업을 위해 노력하는 교대부초의 겸손한 비전입니다. 그 속에는
행복한 학생들이 있고, 학부모들이 있고, 선생님이 있습니다. 그리

고 또 항상 겸손하면서도 당당하고, 세심하면서도 우직하게 그들을 지원하는 제일 머슴이 있습니다. 함께한 시간이 행복이었고, 함께 고민한 시간이 즐거움이었음을 앞으로 더 크게 느끼게 될 것 같습니다. 그때마다 이 책을 통해, 함께 길을 걸어야겠습니다.

배현진

대구교육대학교대구부설초등학교 학부모
경북대학교사범대학부설고등학교 국어 교사

차례

학교 가는 길

대한민국에서 가장 좋은 수업을 하는 학교

"칭찬은 앞에 분들이 많이 하셨기 때문에…, 저는 칭찬은 하지 않겠습니다. 학습량이 너무 많아서 줄이라고 했는데, 고친 흔적이 없습니다. 그 많은 양을 한 시간에 다 하려니 주마간산식의 수업이 될 수밖에 없습니다. 교과서를 그대로 가르치는 것이 아니라…"

1982년 6월 7일부터 7월 16일까지 대구중앙국민학교에서 교육 실습을 했습니다. 6주 동안 실습을 하면서 4학년 3주와 6학년 3주를 했습니다. 영호는 실습 마지막 주에 교생 399명과 중앙초등학교 선생님, 대구교대 국어과 교수님 등 400여 명이 넘는 참관자 앞에서 국어과 갑종 수업(지금의 학교 단위 수업)을 했습니다. 앞의 내용은 대구교대 국어과 김문웅 교수님의 지도 조언입니다. 10분 이상 질타가 이어졌습니다. 말씀 그대로 칭찬은 한마디도 하시지 않았습니다.

교수님 말씀 이전에 수업을 참관한 교생, 담임 선생님의 영호에 대한 실습 태도 등의 평가, 손숙희 선생님의 수업 평가에서는 모두가 칭찬 일색이었습니다. 칭찬을 들은 영호는 기분이 아주 좋았고, 대단한 일을 했다는 자부심과 우쭐함도 숨길 수 없었습니다. 그러나 그 기문노 심문웅 교수님의 시노 소년으로 급선직하했습니다.

국어과 갑종 수업을 하게 된 것은 우연이었지만, 그 우연이 국어 수업에 관심을 가지게 된 필연이었습니다. 4학년 3주를 마치고 6학년 교생을 할 때 교생의 수업에 대한 안내가 있었습니다. 중앙국민학교에는 국어, 체육 등 몇 과목이 갑종 수업으로 배정이 되었습니다. 갑종 수업은 지금의 학교 단위 공개와 같은데, 대구교대의 해당 과 교수님들과 모든 교생들이 참관을 하는 수업이었습니다. 갑종 수업을 희망하는 교생은 모이라는 방송을 듣고는 무작정 찾아갔습니다. 국어과 갑종 수업을 희망하는 교생은 네 명이었습니다. 아주 공평한 방법으로 제비뽑기를 했는데 운이 좋게도 영호가 국어 수업을 하게 되었습니다. 교육 실습을 마치는 날 이승유 교장 선생님의 상장을 받았습니다.

지금은 38년 전의 수업 협의회에서 들은 칭찬이나 격려는 하나도 생각이 나지 않습니다. 김문웅 교수님의 말씀만 또렷이 기억이 납니다. 그때 김문웅 교수님이 강조한 학습량, 교육 과정 재구성 등은 수업에서 금과옥조처럼 사용되는 중요한 내용입니다. 지금 생각하면 교수님은 성취 기준이나 목표 중심의 수업을 하라는 것이었습니다.

대구관음초등학교에 근무하던 1997년 11월 17일(월)은 국어과 수업 발표 최종 심사일입니다. 그 하루 전은 조부님 기일이었는데, 영호는 국어 수업 생각에 빠진 나머지 세 번 연속 절을 했던 일도 있었습니다. 국어와 과학 수업을 마치고 교장실에서 심사 위원과

면담을 했습니다. "좋은 수업은 이론과 실제 수업의 조화가 필요합니다."라는 서효섭 장학사님의 말씀이 아직도 생생합니다. 국어과 수업 1등급 상장을 받고 다음 해 국어과 연구 교사가 되었습니다.

교육 실습을 하면서 무작정 신청해서 하게 된 국어 수업이 계기가 되어서 15년 뒤에 제12회 수업발표대회에서 국어과 1등급에 입상을 했습니다.

지금까지 이런저런 상장과 표창장을 받았지만 가장 의미가 있는 것이 교육 실습을 마치고 받은 상장입니다. 이 상장이 계기가 되어 한국교원대 대학원에서도 초등 국어 교육을 전공하고 국어과 연구 교사가 되고 교대부초의 교사도 되었습니다.

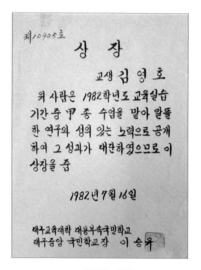

교육 실습 상장

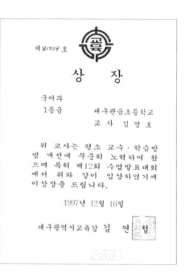

국어과 1등급 상장

학교 가는 길 집으로 가는 길

2014년 9월 1일부터 대구교육대학교대구부설초등학교 교감으로 근무하면서 선생님들이 일상의 수업과 공개 수업의 간극을 좁힐 수 있는 집밥 같은 수업을 지원하고, 교수·학습안에 수업 철학을 반영했습니다.

2015년 4월 1일에는 '수업에서 행복을 만나다'라는 슬로건으로 인성 교육 중심 수업 협력 학습 전국 워크숍을 개최하여 1,400여 명과 좋은 수업을 공유했습니다. 교감이라는 직위보다는 좋은 수업을 위해서 선생님들과 동행하는 수업 친구이고 싶었습니다.

교대부초의 비전은 대한민국에서 가장 좋은 수업을 하는 학교입니다. 부사인 '가장'과 형용사인 '좋다'는 '기준보다 높다'는 의미입니다. 좋은 수업은 기초와 기본에 충실한 수업, 학습자 중심의 수업, 성취 기준 중심의 수업 등 다양하게 생각할 수 있습니다. 영호가 생각하는 수업은 교육 공동체인 학생, 학부모, 교원 모두가 공감하고 만족하는 수업입니다.

영호는 교대부초의 선생님들께 세 가지를 강조합니다. 바로 겸손, 열정, 실력입니다. 신영복 교수님은 성찰, 겸손, 절제, 미완성 중에서 겸손이 관계론의 최고 형태라고 합니다. 열정은 인생이나 교육, 수업에 대한 마음가짐과 실천입니다. 선생님들이 겸손과 열정으로 절차탁마를 하면 시나브로 좋은 수업을 하는 실력, 즉 좋은 수업력은 그림자가 되어 있을 것입니다.

38년 전의 김문웅 교수님의 말씀을 다시 생각해 봅니다. 지금의 영호가 좋은 수업을 위해 절차탁마를 한 출발점입니다. 영호가 힘든 고비마다 되돌아보고 마음을 가다듬는 전환점이었습니다. 예비교사 시절의 그 초심으로 교대부초의 비전인 대한민국에서 가장 좋은 수업을 하는 학교를 위해서 영호도 더욱더 절차탁마하겠습니다.

2020년 11월 18일에 수업한 5학년 학생의 소감이 영호에게 힘을 주고 각오를 다지게 합니다.

"교장 선생님께. 선생님! 이런 특별한 수업을 만들어 주셔서 너무 감사합니다. 선생님과 수업해서 너무 재미있었고, 코로나19 방역 수칙도 잘 지키겠습니다. 6학년 때도 수업해 주세요. 사랑합니다!"

다시 초등학교 6학년이 된다면

"자(저 아이)는 어른들보다 지게질을 더 잘한다카이."

"그래, 자가 달수 아들이지. 웬만한 어른들보다 동(낙엽과 풀, 나뭇가지 등을 모아서 원기둥 형태로 굵게 묶어서 한 덩이로 만든 묶음)을 더 잘 맨들어서 지고 온다."

영호가 초등학교 때 지게질을 하면 시골 마을의 어른들이 하신 말씀입니다. 영호의 초등학교 6학년은 그리 넉넉하지 않은 살림이었지만, 행복했던 까까머리 초동목아의 시절이었습니다.

여름 방학이면 소를 먹이고 풀을 베는 것이 일과였습니다. 지금도 선명한 중지의 상처는 6학년 여름 방학 때 참깨를 찌다가 낫에 베인 것입니다. 겨울 방학에는 땔감용 나무를 하는 것이 일상이었습니다. 선고께서 영호가 5학년 때 지게를 만들어 주신 덕분에 또래들보다 일찍 지게질을 했습니다. 방학 때가 아니더라도 학교를 마치면 바쁜 농촌에서는 일손을 보탤 일이 많았습니다.

그렇다고 늘 일만 한 것은 아닙니다. 6학년 때 영호의 학교생활의 시작과 끝은 축구였습니다. 마을별 시합을 하거나 몇몇이 축구를 하기도 했습니다. 여름에는 진창이 된 운동장에서 비를 맞으면서도 축구를 했습니다. 겨울에는 눈밭에서 축구를 하는 재미도 쏠

쏠했습니다. 그 덕분인지 아직도 아이들과 축구를 하면 엄지 척을 받곤 합니다.

중학교는 무시험 입학이라서 공부에 대한 부담은 많지 않았습니다. 4학년 때부터 공부에 홍미가 붙어서 6학년 2학기에는 모든 과목에 수를 받았습니다. 매일같이 반복된 비슷한 말과 반대말 찾기, 낱말 뜻 찾고 짧은 글짓기 등의 숙제는 영호의 말과 글의 디딤돌이었습니다. 밤늦게까지 고전 읽기 대회를 준비한다고, 이순신, 동국병감 등의 책을 읽었던 것은 영호가 책을 좋아하게 된 전환점이었습니다.

2020년 10월 27일에 대구교육대학교대구부설초등학교 6학년의 세 학반 아이들과 수업을 했습니다. 6학년 2반은 촬영을 해서 우리 학교 유튜브에도 올렸습니다. 수업을 마치면서 졸업하기 전에 한 번 더 재미있고 유익한 수업을 하기로 약속했습니다. 코로나19의 방역 수칙으로 학생 밀집도를 낮추는 바람에 겨울 방학 전에는 아이들과의 약속을 지키지 못했습니다.

2021년 1월 25일에 개학을 하지만, 모든 학년이 원격 수업을 합니다. 졸업식은 2월 10일입니다. 졸업식은 아이들만 등교를 해서 교실에서 반별로 진행하는 것으로 결정을 했습니다. 개학일과 졸업일을 빼면 6학년 아이들과 수업을 할 수 있는 날은 11일 동안입니다. 6학년 선생님들과 의논을 해서 그 11일 중에 하루를 정해서 수업을 할 생각입니다. 원격 수업입니다. 수업 내용도 6학년 선생님들과 의논을 해야 합니다.

영호가 생각하는 수업의 주제는 질문입니다. 첫 번째 활동은 영호의 초등학교 6학년 때의 까까머리 사진을 아이들과 공유합니다. 6학년 아이들은 자신들과 같은 학년인 까까머리 영호 또는 교장인 지금의 영호에게 자유롭게 질문을 합니다. 영호는 초등학교 6학년이 되었다가 지금의 교장이 되었다가를 되풀이하게 됩니다. 이렇게 질문과 답을 주고받고, 미처 답하지 못한 내용은 졸업일에 아이들에게 줄 편지에 대답을 할 생각입니다.

두 번째 활동은 아이들이 자기 자신에게 질문을 하고 대답을 하는 시간입니다. 초등학교 생활을 되돌아보고 앞으로 펼쳐질 미래에 대한 자문자답의 시간입니다. 이 시간을 통해서 우리 아이들이 세상을 살아가는 데 필요한 사랑하는 힘과 질문하는 힘을 겸비한 인격체로 성장하기를 소망합니다.

영호가 다시 초등학교 6학년이 된다면 하는 생각만으로도 참 가슴이 설레는 일입니다. 여러분들도 돌아가고 싶은 과거로 시간 여행을 떠나 보시면 어떻겠습니까?

용기와 두려움은 한 이불을 덮고 잔다

"저는 용기도 50이고 두려움도 50입니다."

"용두(가명)야, 용기가 50이라고 했는데 그 이유는 무엇이지?"

"집에서 엄마에게는 제 생각을 다 이야기하는데, 학교에서 발표를 하려니 두려운 마음이 생겨서 용기가 50입니다."

"아, 그렇구나. 오늘 용두가 발표를 한 것도 큰 용기를 낸 것이구나. 4학년 3반 친구들, 용두가 용기를 내도록 격려의 박수를 부탁합니다."

아이들이 환호성을 지르면서 박수를 칩니다. 영호는 두 번 더 박수를 유도했습니다. 다시 영호가 용두에게 질문을 합니다.

"용두야, 지금은 용기가 얼마나 되지?"

"80 정도 되는 것 같아요."

"그렇구나. 박수 때문에 30이나 올랐구나. 앞으로는 자신 있게 발표를 해 보자."

영호가 이야기를 마치고 칠판 앞으로 가는데 한 남학생이 큰소리로 말합니다.

"우리 용두에게 박수 두 번 더 치자."

그러자 아이들이 다시 박수를 칩니다. 아이들은 용두의 용기 지수를 100으로 만들어 주고 싶었니 봅니다. 진정한 용기입니다. 2021년 4월 22일 목요일 대구교육대학교대구부설초등학교 4학년 3반에서 영호와 함께하는 배움 활동 시간의 일입니다.

영호는 2021년 4월 6일 화요일부터 6학년 대상으로 용기를 주제로 학생주도수업을 했습니다. 이날 수업은 영호가 2021학년도에 용기, 행복, 칭찬, 사랑을 주제로 18개 전 학반을 대상으로 4시간, 총 72시간 수업의 출발입니다. 수업을 하기 전에 해당 학년의 선생님들과 사전 협의를 합니다. 아이들이 잘하는 것, 힘들어하는 것 등을 자세하게 파악을 합니다. 4학년의 용두가 발표하는 걸 힘들어 한다는 것은 사전 협의에서 파악하고, 수업에서 의도적으로 발표를 시킨 것입니다.

수업은 이응(ㅇ)과 기역(ㄱ)으로 시작하는 낱말에서 용기를 찾고, 두려움, 이불의 세 낱말로 문장을 만들었습니다. 영호는 "용기와 두려움은 한 이불을 덮고 잔다."는 문장을 제시합니다. 용기와 두려움은 항상 같이 존재하고 두 가지의 합이 100이라고 설명을 합니다. 아이들의 용기 지수는 대부분 80 이상입니다. 어떤 아이는 학교를 마치고 네 곳의 학원에 가야 해서 용기 지수가 20이라고 대답을 해서 안타까운 마음이 들기도 했습니다.

영호는 초등학교에 들어가기 전에 무서움이 많았다고 합니다. 특히, 검은 구두를 신은 사람을 보면 꽁무니를 뺐다고 합니다. 물론 영호는 전혀 기억을 하지 못하는 일이지만, 지금도 구두보다는 색깔 있는 운동화를 즐겨 신는 게 그때의 영향이 조금은 있을 것도 같습니다. 대신초등학교를 다닐 때도 부끄러움이 많았습니다. 발표는 거의 하지 않은 것 같습니다. 약간은 어리숙하고 두려움도 많았지만, 키는 또래의 학년에서 제일 컸던 마음씨 착한 아이였습니다.

영호는 4학년 때 처음 주산을 배웠습니다. 주산 급수 시험을 치러 단체로 대신역에서 김천역까지 갔습니다. 시험을 마치고 다시 김천역에서 대신역까지 와야 하는 데 김천역 대합실에서 일행을 놓쳤습니다. 70년대라 교통의 요지인 김천역은 매우 복잡했습니다. 선생님이 단체로 기차표를 발매해서 영호는 다시 기차표를 끊어야 했습니다. 영호가 기차표를 끊는데 입안에서만 맴도는 '대신'이라는 말을 하기까지는 용기와 두려움이 씨줄과 날줄처럼 교차하는 시간이었습니다.

교대부초의 아이들은 말을 조리 있게 잘합니다. 하지만 학년에 한두 명은 발표를 하는 것을 굉장히 힘들어합니다. 6학년 아이가 발표를 하는데 손에 쥔 학습지가 흔들릴 정도로 떠는 것도 보았습니다. 발표가 힘든 아이들을 보면, 초등학생인 영호가 김천역에서 기차표를 발매할 때의 심정과 비슷할 것이란 생각도 합니다. 그런 아이들은 잘 기억해 두었다가 아침에 교문에서 아이 맞이를 하면서 이것저것 질문을 합니다. 날이 갈수록 표정이 밝아지고 대답에 힘이 실리는 등의 변화가 있습니다.

학교 가는 길 집으로 가는 길

○○이는 수업 소감에서 "수업 시간에 발표 많이 하고, 지금보나 더 용기를 올리도록 노력하겠습니다."라고 각오를 다졌습니다. 영호는 용두의 용기를 응원합니다.

용기는 결국 자신의 마음가짐의 문제입니다. 긍정적인 생활을 위해서는 두려움보다는 용기가 많아야 합니다. 그렇다고 용기가 100일 필요는 없습니다. 용기가 지나치면 만용의 위험이 뒤따릅니다. 적당한 두려움을 가지는 것은 신중한 언행으로 실수를 줄여 줍니다.

여러분의 용기 지수는 얼마인가요?
"용기와 두려움은 한 이불을 덮고 잔다."

친구니까요

제일 뒷자리에 앉은 최현수(가명)의 목공 풀이 나오지 않습니다. 선생님께 도움을 청하지 않고 몇 번이나 목공 풀을 병뚜껑 테두리에 대고 정성껏 누릅니다. 그래도 풀은 나오지 않습니다. 그 모습을 본 같은 모둠의 정수민(가명)이 현수의 풀 통을 가지고 가서 툭툭 치고 뚜껑을 다시 닫아서 현수에게 줍니다.

그래도 풀은 나오지를 않습니다. 이번에는 수민이가 자기 책상 위의 풀 통을 현수에게 건넵니다. 이 역시 나오지 않습니다. 그러자 수민이는 짝인 우협력(가명)의 책상에 놓인 풀 통을 현수에게 줍니다. 풀이 잘 나옵니다. 협력이의 책상에 있던 풀이 수민이의 것이었습니다. 이번에도 풀이 나오지 않으면 어쩌지 하고 조마조마하며 걱정을 하던 영호는 아이들의 등을 가볍게 두드려 주었습니다.

이런 우여곡절 끝에 페트병 뚜껑이 활짝 웃는 쓰레기 요정의 얼굴이 되었습니다. 이 과정에서 아이들끼리 다정한 이야기가 오갔습니다. "이 풀은 나오지를 않네.", "기다려 봐. 이걸로 해 보자." 주로 수민이가 이야기를 하고 현수는 대답을 합니다. 수민이의 마음 씀씀이가 참 좋습니다. 선생님에게 도움을 청했으면 금방 해결이 되었을 일입니다. 하지만 현수와 수민이는 서로 협력하면서 스스로 문제를 해결했습니다. 이런 게 학생주도수업이라는 생각을 해봅니다.

그 뒤로는 수업을 보는 내내 기분이 좋았습니다. 수업도 깔끔하게 마무리가 되었습니다. 2021년 5월 6일 목요일에 교대부초 4학년 1반의 프로젝트 수업 시간에 있었던 일입니다.

현수와 수민이의 쓰레기 요정

다음날 아침에 현수를 만났습니다. 버스 승강장에서 교문까지 50여 미터를 함께 걸으면서 궁금한 것을 물었습니다.

"현수야, 오늘 차를 태워 주신 분이 누구니?"

"엄마요?"

"집은 어디니?"

"상인역 부근이요."

"차에서 내릴 때 뭐라고 했어?"

"'학교 잘 다녀오겠습니다'라고 했어요."

"그래, 잘했구나. 그런데 교장 선생님은 현수가 차에서 내릴 때 이런 말도 했으면 좋겠는데. 하나는 '태워 주셔서 고맙습니다'. 또 하나는 '어머니 사랑합니다'라고 하면 좋을 것 같은데."

현수가 대답 대신에 고개를 끄덕입니다.

그리고는 말없이 몇 걸음을 더 걷고는 프로젝트 수업 시간에 있었던 일을 물었습니다.

"현수는 반에서 가장 친한 친구가 누구니?"

"예, 절친은 정수민입니다."

"수민이가 절친인 이유가 있니?"

"수민이는 저를 잘 도와줘요."

"또 친한 친구는 누가 있어?"

"……."

현수는 올해 3월에 다른 학교에서 전입을 한 아이입니다.

그다음 주 아침에 수민이를 만났습니다. 현수보다 좀 더 먼 거리를 함께 걸으면서 교문까지 왔습니다. 두 아이의 관계가 궁금해서 수업 시간에 있었던 일을 물었습니다.

"수민아, 지난주 목요일에 프로젝트 수업을 했었지?"

"예, 쓰레기 요정을 만들었어요."

"그때 교장 선생님이 보니까 수민이가 현수를 잘 도와주던데."

"예, 현수의 목공 풀이 잘 나오지 않아서 도와주었어요."

"왜 현수를 도와주었지?"

"친구니까요!"

4학년인 최현수와 정수민이 아름다운 우정을 이어가기를 소망합니다.

"친구니까요!"

영호는 친구를 생각해 봅니다. 내가 정말로 힘들 때 나를 위로해 주고 도와줄 친구가 얼마나 있는가? 그 반대로 나는 친구가 어려울 때 위로해 주고 도와줄 수 있는가? 수업이 힘들고 어려울 때 영호에게 도움을 청할 수업 친구는 얼마나 있는가? 나는 또 얼마나 스스럼없이 수업 친구가 되어 줄 수 있는가? 어려울 때 도와주는 게 진정한 친구라고 합니다.

고향 마을에서 함께 자란 남자 친구는 일곱 명입니다. 그중에 두 명은 이미 고인이 되었습니다. 나머지 친구들은 서울, 부산, 순천 등에 살고 있어서 얼굴 보는 게 그리 쉬운 일이 아닙니다. 최근에는 고등학교 친구들과 자주 어울립니다. 대학교의 친구들은 아직도 대부분 현직에 있습니다. 사회생활을 하면서 친하게 지낸 이들은 민우회란 모임으로 친분을 다져 가고 있습니다.

이 두 아이는 5학년 때는 다른 반에서 생활을 하다가 올해 6학년이 되어서는 같은 반이 되었습니다. 여전히 4학년 때의 우정을 이어가고 있습니다. 현수는 여전히 말이 많고 다정다감합니다. 수민이는 처음 전학을 왔을 때보다 말도 많아졌고 활발해졌습니다. 두 아이는 방과 후도 클라리넷 공부를 함께 하고 있습니다.

여러분의 절친은 누구인가요?
어려울 때 '친구니까요' 하고 함께할 수 있는 절친은?

칭찬은 하지 않겠습니다

　2021년 5월 31일부터 6월 25일까지 대구교육대학교 4학년 학생 44명의 수업 실습 및 실무 실습이 있었습니다. 영호가 교생 선생님들께 제일 먼저 한 이야기가 '대한민국에서 가장 좋은 수업을 하는 학교'에 나오는 대구교육대학교 국어과 김문웅 교수님과의 일화입니다. 그렇다고 영호는 학교 선생님이나 교생 선생님들께 "칭찬은 하지 않겠습니다."라고는 하지 않습니다. 선생님이나 교생 선생님의 입장에서 생각하고 눈높이를 같이하고 칭찬을 많이 하려고 노력합니다.

　특히, 교대부초 선생님들께는 몇 번이고 당부를 합니다. 말로만 실습 지도를 하지 말고 언행일치의 실습 지도를 할 것을 부탁합니다. 아이들을 대하는 태도나 수업에서 선생님의 지극정성을 느낄 수 있도록 당부합니다. 선생님의 눈높이가 아닌 수업하는 교생 선생님 한 분 한 분의 눈높이에서 수업 이야기를 할 것을 요청합니다.

　교생 선생님들께도 당부를 합니다. 여덟 시간의 수업을 하면서 너무 일회일비하지 않을 것을 이야기합니다. 내 수업의 기준점을 정하고 그 기준점에서 오르락내리락하는 수업을 하면서 기준점을 조금씩 올리자는 도움 이야기도 합니다. 수업에 대해서 많이 생각하고, 많이 보고, 많이 해 보는 과정을 거치면서 좋은 수업을 길을 갈 것을 당부합니다.

그리고 자기 자신을 칭찬하고 격려하는 것으로 실습의 하루하루를 마무리할 것을 당부합니다. 그래서 교육 실습록에는 30자 이내로 판서 연습 및 느낌표로 끝나는 감정 일기로 하루를 마무리하는 내용을 넣었습니다. 실습 첫날은 "수업 실습 시작. 나는 할 수 있다!"이고, 마지막 날은 "벌써 수업 실습 끝. ○○○(이름) 수고했어요!"입니다. 남에게 칭찬을 받는 것도 중요하지만, 자신을 믿고 격려하고 칭찬하는 것이 먼저라는 생각입니다.

영호는 4주의 실습 동안 매일같이 교문에서 교생 선생님들을 맞았습니다.

"사랑합니다!"

"아침 드셨어요?"

"오늘 수업도 파이팅!"

"오늘 수업은 어제 수업보다 조금만 더 잘하세요!"

등등의 인사로 하루를 시작했습니다. 하루는 출근해서 일상이던 교실을 돌아보고 복도에 불을 켜는데, 6학년 교실에서 인기척이 있어서 깜짝 놀랐습니다. 7시 전인데도 음악 수업을 위해서 피아노 연습을 하러 일찍 출근을 한 교생 선생님이었습니다. 참 고마운 일입니다.

실습을 마친 교생 선생님들이 원하는 지역의 임용에 합격해서 초등학교 교사의 길을 갈 수 있기를 소망합니다. 무엇보다도 좋은 수업을 하는 좋은 선생님의 길을 갈 것을 응원합니다. 스스로 격려와 칭찬을 하면서 아이들에게도 그 칭찬이 넘쳐나기를 소망합니다. '칭찬은 고래도 춤추게 한다'고 합니다.

하지만 영호는 자꾸만 40여 년 전의 김문웅 교수님의 말씀이 귓전을 맴돕니다. 참으로 귀하고 고마운 정문일침입니다.

"칭찬은 하지 않겠습니다!"

당신은 행복하십니까

"내가 생각하는 행복 지수는 99점이다. 대한민국에서 가장 좋은 학교에 다녀서 좋은 선생님, 좋은 친구들을 만나서 공부하고 있다. 또 부모님, 오빠, 동생과 함께 행복하게 살고 있기 때문이다. 물론 학원 숙제 때문에 스트레스도 있지만, 나는 충분히 행복한 사람이라고 생각한다."

교대부초 6학년 3반 강행복(가명) 학생이 생각하는 나의 행복 지수와 그 이유입니다. 영호는 2021년 5월 18일 화요일에 6학년을 대상으로 행복이라는 주제로 수업을 했습니다. 다음은 강행복의 마무리 글입니다.

"오늘 6개의 단어를 보고 이야기를 만들어 봐서 재미있었다. 평소에는 내가 진짜 행복한 사람이라고 느끼지 못했는데, 오늘 부모님을 생각하면서 행복 지수가 올라갔다. 이렇게 맛있는 거 먹을 수 있게 해 주시고 공부하게 해 주셔서 감사하다. 교장 선생님과 수업해서 재미있었고 영광이었다. 교장 선생님 감사합니다. ♡ 사랑합니다."

영호는 5월 18일 화요일 6학년을 시작으로 7월 13일 화요일 1학년까지 모든 학반에서 행복을 주제로 수업을 했습니다. 첫 번째 주

학교 가는 길 집으로 가는 길

제인 용기 수업에 이어서 두 번째 수업입니다. 우리 교내부초 학생들의 행복에 대한 생각과 행복 지수를 알아보고 싶었습니다. 6월 8일 화요일에는 4학년 1반에서 수업 실습 중인 대구교육대학교 4학년 학생들에게 시범 수업도 했습니다.

수업은 25개의 점을 연결해서 하트 모양을 만드는 것으로 시작합니다. 여섯 개의 낱말(왕, 중병, 신하, 행복, 속옷, 농사꾼 부부)을 적으면서 이야기를 구상합니다. 영호가 들려주는 이야기를 듣고 자신이 생각한 이야기와 비교도 합니다. 원래 이야기가 적힌 학습지를 보고 각자 생각하는 제목도 정합니다. 원작의 제목은 속옷 없는 행복입니다. 글의 주제와 자신의 행복 지수를 알아보고 정리와 소감으로 마무리를 합니다. 3~6학년은 앞의 내용과 비슷한 형태로 수업을 진행합니다. 1, 2학년은 기초·기본 학력에 중점을 두고 진행합니다.

교대부초 아이들이 생각하는 행복은 아주 가까이에 있었습니다. 아이들의 행복 지수와 그 이유입니다. "89점입니다. 지금은 좋은데 오늘 수학 학원에 가야하고 학원 숙제가 너무 많기 때문입니다(5학년).", "90점입니다. 75점은 교장 선생님과 수업을 하고 있기 때문입니다. 10점은 독서 시간에 읽은 '카페, 공장'이 너무 재미있어서이고, 5점 친구들과 놀 생각에 들떠서입니다. 감점 10점은 오늘은 엄마와 아빠가 늦게 오시기 때문입니다(4학년).", "98점입니다. 학교를 마치고 학원을 한군데만 가면 되고, 숙제가 많아서 2점이 빠졌습니다(3학년)." 이 순간 여러분의 행복 지수(점수)는 얼마인가요?

어릴 적 영호의 행복을 생각해 봅니다. 가난했던 초동목아의 시기였지만, 한 번도 불행하다는 생각은 한 적이 없습니다. 공부 시간, 날마다 하던 축구 등 행복한 기억이 많습니다. 그중에서 가장 행복했던 순간은 지게와 시래깃국이 합쳐진 날입니다. 선고(先考)께서는 영호가 5학년 때 지게를 만들어 주셨습니다. 친구들이 망태에 풀을 베고 땔감나무를 할 때 영호는 지게질을 했습니다. 반거충이 어른보다 지게질을 더 잘한다는 이웃집 어른들의 말을 듣던 영호였습니다.

겨울 방학이면 지게 가득하게 땔감을 하고, 점심으로 시래깃국을 먹을 때가 가장 행복했습니다. 땔감은 갈퀴로 낙엽을 모아서 원기둥 형태로 만들어서 지게에 지고 오는 것입니다. 영호 나름의 기준 이상의 나무를 할 때 더 행복했습니다. 그리고 밥, 시래깃국, 고추장이 전부인 점심은 지금의 그 어떤 화려한 음식보다 맛이 좋았습니다. 나무를 하는 것은 목표에 도달하는 것이고, 점심은 목표 도달에 대한 칭찬의 의미가 있습니다. 그래서 교대부초 교수평기(교육 과정, 수업, 평가, 기록) 일체화의 보물인 꽃사슴 배움터를 나무와 시래깃국에 연결시켜 봅니다. 영호 나름의 땔감 기준은 교육 과정의 성취 기준입니다. 시래깃국은 칭찬과 격려의 피드백입니다. 수학에서 말하는 필요충분조건이 모두 만족하는 것이라는 생각도 합니다.

영호는 "오늘이 좋으면 늘 좋은 날입니다."라는 말을 많이 사용합니다. 마찬가지로 오늘이 행복하면 늘 행복힌 닐입니다. 선생님의 행복을 생각해 봅니다. 학생들의 행복을 생각해 봅니다. 학교에서 가장 많이 하는 것이 수업입니다. 그래서 선생님이나 학생이 수업에서 행복을 찾으면 좋겠습니다. 교대부초의 슬로건이 '수업에서 행복을 만나다'고, 비전은 '대한민국에서 가장 좋은 수업을 하는 학교'이기도 합니다.

사람마다 행복의 조건은 조금씩 다를 수 있습니다. 속옷 없는 행복의 이야기처럼 물질적으로 가난한 농사꾼 부부가 가장 행복할 수도 있습니다. 결국 행복은 자신의 마음가짐에 달려 있습니다.

지금, 당신은 행복하십니까?
자신에게 물어보시지요.
"나는 행복합니까?"
그리고 소리쳐 보시지요.
"나는 행복합니다!"

용행칭사의 수업을 마치고

"교장 선생님과 수업하면서 나의 용기 점수가 몇 점인지 알아보았다. 용기가 예전에 비해서 많이 올랐지만, 앞으로 용기 있게 생활하기 위해서 용기 점수를 더 올려야 할 것 같다. 그리고 매일 아침마다 교문에서 인사해 주셔서 감사합니다. '용기와 두려움은 한 이불을 덮고 잔다.'라는 말이 가장 인상 깊었어요. 사랑합니다."

첫 번째 주제인 용기 수업을 마친 강나경 학생의 소감입니다.

"나의 행복 지수를 알게 되었고, 행복은 남이 아닌 나에게서 나온다는 것을 느꼈다. 요즘 바빠서 나를 돌아보지 못했는데, 이번 수업을 계기로 나 자신을 더 자세히 알아볼 수 있었던 것 같다."

두 번째 주제인 행복 수업을 마친 서민지 학생의 말입니다.

"앞으로 칭찬을 더 많이 해야겠다. 교장 선생님 수업으로 칭찬이라는 단어를 더욱 뜻깊게 생각하게 되었다."

"나 자신을 처음 칭찬했는데, 기분이 좋아지고 신기하기도 했다. 앞으로 더 많이 칭찬해야겠다고 생각했다. 기분이 좋아진 수업이었다."

세 번째 주제인 칭찬 수업을 마친 긴서을, 김니희 학생의 소감입니다.

"교장 선생님과 수업을 할 때마다 자존감이 높아진 것 같아 너무 좋아요! 나 자신을 사랑할 수 있게 도와주셔서 감사해요."

"교장 선생님과 하는 마지막 수업이어서 아쉽다. 졸업 전에 교장 선생님과 함께 수업을 한 번 더 하고 싶다. 이번 수업을 하면서 나와 내 주변 사람들을 사랑하고 아끼는 마음이 더 커진 것 같다."

네 번째 주제인 사랑 수업을 마친 박선우, 박세은 학생의 소감입니다.

영호는 2021학년도에 대구교육대학교대구부설초등학교의 18개 학반에서 4번씩 모두 72시간의 용행칭사 수업을 했습니다. 배움 문제(수업 주제)는 용기, 행복, 칭찬, 사랑입니다. 수업은 '사랑합니다'라는 인사로 시작해서 배움 문제 찾기, 배움 문제에 관련된 활동 두세 가지, 배운 내용을 꽃사슴 배움터에 정리, 소감이나 건의 발표로 마무리를 합니다. 학년군(1~2학년, 3~4학년, 5~6학년)에 따라서 활동이 조금씩 달랐습니다.

수업을 하기 전에는 해당 학년 담임, 연구부장과 함께 협의를 합니다. 학생 이해, 수업의 흐름, 학습 준비물, 에듀테크 활용 등을 순서 없이 자유롭게 협의합니다. 가장 중요한 것은 학생 이해를 위한 진지한 협의입니다. 학생 명단을 가지고 학생 한 명 한 명의 장점과 생각할 점을 세 명의 담임과 연구부장의 이야기를 종합하는 것입니다.

2022년 2월 15일 졸업식을 앞둔 6학년과 한 번의 수업을 더 계획하고 있습니다. 마지막 주제인 사랑 수업에서 졸업을 하기 전에 수업을 한 번 더 하겠다고 한 약속을 지켜야 합니다. 그리고 다른 학년에는 수업 시간에 불러 주었던 '부초(시월)의 어느 멋진 날에' 노래로 마무리를 하고 싶습니다.

2022학년도 학교 경영을 위한 학생, 학부모, 교원 설문에 수업을 할 배움 문제(수업 주제) 문항을 넣었습니다. 2022학년도 4월부터 설문으로 정한 주제로 내용 및 방법도 학생 주도적인 배움 활동을 할 생각입니다. 올해와 같이 학반에서 4시간씩 총 72시간의 수업을 계획하고 있습니다. 올해 용행칭사의 수업을 마치고 다음 해의 새로운 수업이 기다려집니다.

마무리는 새로운 시작의 출발점임을 생각하면서 영호의 첫 졸저인 『수업? 너를 기다리는 동안』의 초심으로 돌아갑니다.

"절차탁마."

2022년 역사정감의 수업을 준비하면서

역사정감은 2022학년도에 영호가 교대부초 아이들과 함께 나눌 배움 문제(수업 주제)입니다. '역'은 역지사지의 첫 번째 글자이고, '사'는 감사의 두 번째 글자입니다. '정'은 열정의 두 번째 글자, '감'은 책임감의 세 번째 글자입니다. 첫 번째 글자로 하면 역감열책이 되어서 발음과 의미 전달이 어려울 것 같아 역사정감으로 정했습니다. 이렇게 결정하는 데는 2022년 3월 1일자로 우리 학교를 떠나는 정혜정, 표은주 선생님이 많은 도움을 주셨습니다.

역사정감으로 정하기 전에 2021. 학교 평가 및 2022. 교육 계획 수립을 위한 설문지에 역지사지, 겸손 등 19가지의 주제로 설문을 했습니다. 학생, 학부모, 교원이 19가지 중 4가지씩을 선택했습니다. 교대부초 교육 공동체 설문의 평균이 5퍼센트 이상인 역지사지, 협력, 책임감, 배려, 존중, 감사, 예의, 열정, 겸손의 9가지 중에서 정했습니다. 영호 혼자서 정하는 것보다는 역지사지의 마음으로 교육 공동체의 의견을 경청하는 것이 좋겠다는 생각입니다.

역지사지는 처지를 바꾸어서 생각해 보는 것입니다. 가수 김건모의 노래 '핑계'에 나오는 입장 바꿔 생각해 보는 것과 같은 의미입니다. 내 생각을 말하는 것도 중요하지만, 상대방의 생각을 경청하고 내 생각과 조율하는 것도 아주 중요합니다. 선생님은 아이들 입장이 되어 보고, 아이들은 선생님 입장이 되어 보면 좋겠습니다. 학부모님과 선생님도 서로 입장을 바꾸어 생각해 보면 좋겠습니다. 영호도 아이들 입장, 학부모님들 입장, 선생님들 입장이 되어 보는 그런 역지사지를 하겠습니다.

감사는 고마움을 나타내는 인사입니다. 내가 내 생애에서 가장 젊은 날인 오늘도 건강한 생활을 할 수 있음에 고마움을 느끼면 좋겠습니다. 아이들은 선생님과 함께 공부할 수 있음에 감사하고, 선생님은 아이들과 함께 교학상장 하는 것에 감사하면 좋겠습니다. 학부모들은 우리 아이가 학교에서 즐겁고 행복한 것에 감사하면 좋겠습니다. 앞에서 밝힌 역지사지 하면 더 많은 감사의 기회를 가질 것이란 생각입니다. 영호도 주어진 모든 일에 감사하고 또 감사하겠습니다.

열정은 어떤 일에 열렬한 애정을 가지고 열중하는 마음입니다. 그래서 영호는 열정에 앞서 겸손을 이야기합니다. 겸손은 다른 사람에게 나를 낮추는 것입니다. 그보다 더 중요한 것은 자신에게 겸손한 것입니다. 지금 내가 실력이 좋더라도 많이 부족하다고 생각하고 더 열심히 노력하겠다는 것이 자신에 대한 겸손입니다. 그런 겸손은 열정을 동반합니다. 그래서 겸손과 열정이 동행하면 실력은 시나브로 자신의 그림자가 되어 있을 것입니다. 영호는 절차탁마의 열정을 다하겠습니다.

책임감은 맡아서 해야 할 임무나 의무를 중시 여기는 마음입니다. 아이들이 해야 할 의무가 있습니다. 선생님은 아이들을 즐겁고 행복하게 가르칠 의무가 있습니다. 학부모도 당연히 해야 할 책임이 있습니다. 사람은 누구나 자신의 자리에서 해야 할 일을 제대로 하는 것이 책임을 다하는 것입니다. 제일 머슴(교장)인 영호도 학교에서 해야 할 일이 많습니다. 영호는 얼마나 책임을 다하는지 곰곰이 생각해 봅니다.

역지사지하면 감사할 일도 더 많을 것입니다. 그렇게 상대방을 이해하고 감사한 마음을 가지면 더 열심히 하게 되겠지요. 바로 열정입니다. 열정이 있는 사람이 책임감이 강한 것은 당연지사입니다. 영호는 2021학년도에는 용행칭사(용기+행복+칭찬+사랑)로 학반마다 4시간씩, 모두 72시간의 수업을 했습니다. 2022학년도에는 역사정감으로 학반마다 4시간의 수업, 모두 72시간의 수업을 하게 됩니다.

다시 아이들과 수업할 날이 기다려집니다.
우리 모두가 역사정감 하는 나날이면 참 좋겠습니다.

아이들을 믿고 기다려 주면

"교장 선생님, 저 이창민(가명)입니다."

"그래, 창민아. 중학교는 잘 다니고 있지?"

"예, 운암중학교 다니고 있어요."

"그래, 오랜만이네. 어머니도 잘 계시지?"

"예, 일요일이 스승의 날이라서 전화 드렸어요."

"허허, 고맙다. 공부도 잘하고 있지?"

2022년 5월 13일 금요일 오후 4시 무렵에 대구교육대학교대구부설초등학교를 졸업하고 운암중학교 2학년에 재학 중인 창민이와 통화한 내용입니다. 공부도 잘하고 있다고 했습니다.

창민이는 영호가 대구교대부설초에 교감으로 근무하던 2015년에 만났습니다. 입학을 하고 유난히 교문을 들어서는 게 힘들었던 아이였습니다. 어머니와 함께 교문까지 와서는 울면서 어머니를 끌어안은 채 떨어지지를 않았습니다. 그때 교문에 있던 영호가 손을 잡고 교실까지 몇 번이나 같이 들어갔습니다. 교실에 들어설 때야 울음을 그칠 때도 있었습니다.

그 창민이를 영호는 교장이 되어서 다시 만났습니다. 6학년 때는 전교 학생회 남자 부회장까지 했습니다. 승용차로 6년 동안 질곡에서 대구교대부설초까지 등하교를 함께 한 어머니는 가히 맹모삼천지교에 버금가는 모정입니다.

"우리 가족에게. 엄마, 아빠, 동생아, 나를 사랑해 줘서 고맙습니다. 승준이도 고마워. 엄마, 아빠 이제 말 잘 들을게요. 동생아, 이제 누나가 동생이 해 달라는 것 다 해 줄게. 아빠, 엄마, 동생아, 많이 많이 사랑해요."

2022년 5월 31일 1학년 교실에서 정송건(가명)이 수업 정리 단계에서 발표한 내용입니다. 교육 실습을 나온 대구교육대학교 4학년 교생 50여 명이 참관한 수업입니다. 공부할 문제(배움 문제)는 '가족에게 감사 카드를 써 봅시다.'입니다.

송건이는 영호가 본 아이들 중에 교문과 교실에 들어서는 게 가장 힘들었던 아이입니다. 어머니와 함께 교문까지는 잘 옵니다. 하지만 혼자서 교문을 들어서는 게 그렇게 어려웠습니다. 영호의 손을 잡고 교실에 가는 것도 거부했습니다. 어머니와 함께 교실까지 가서도 이내 나오곤 했습니다. 학교의 위클래스 상담, 병원 상담, 부모와 담임, 교감, 교장의 연석 협의 등의 과정도 거쳤습니다. 그렇게 4월도 지났습니다. 그러던 송건이가 5월 11일 수요일부터 정상적인 등교를 했습니다. 언제 그랬느냐는 듯이 아주 잘 적응하고 있습니다.

영호는 초등학교에 들어가기 전에 검정색 구두를 신은 남자를 보면 기겁을 하고 도망을 쳤다고 합니다. 영호의 집은 동네에서 가장 위쪽이었고, 큰집은 신작로를 낀 가게를 했습니다. 60년대에 마을에 들어서는 손님은 신작로를 끼고 있는 큰집의 가게에 들르니, 부모님과 함께 큰집을 갔던 영호는 줄행랑을 치는 게 일이었나 봅니다.

어려서 두려움이 많고 어리숙했던 영호는 전혀 기억이 나질 않습니다. 그래서 그런지 영호는 양복을 입더라도 구두보다는 운동화를 즐겨 신습니다. 구두를 신을 때도 검정색보다는 갈색을 즐겨 신습니다.

이창민, 정송건, 김영호는 무엇인가 두려운 게 있었습니다. 부모님과 떨어지는 것에 대한 두려움일 수도 있습니다. 어린이집과 유치원보다는 너무나 큰 초등학교 건물이 두려운 것일 수도 있겠지요. 영호는 시골에서 볼 수 없었던 구두라는 생소한 것에 대한 두려움일 수도 있습니다. 아니면 우리가 모르는 이유가 있겠지요. 두려움이 있으면 용기도 있습니다. 그래서 영호는 "용기와 두려움은 한 이불을 덮고 잔다."라는 말을 퍽이나 많이 사용합니다. 용기와 두려움의 합은 100이니 용기 지수를 높이자는 말도 덧붙입니다.

대구교대부설초에는 어린이 다짐, 학부모 다짐, 교원 다짐이 있습니다. 학부모 다짐 중에 "내 아이를 믿고 기다려 주며…"라는 문구가 있습니다. 그렇습니다. 우리는 너무나 '빨리빨리'에 익숙해져 있습니다. 이제는 모두가 믿고 기다려 줄 때입니다. 우리 아이들이나 그 누구라도 믿고 기다려 주면 그 자신만의 꽃이 됩니다.

꽃은 하루아침에 피는 것이 아니잖아요.

교대부초의 수업은

"아이들이 생각해 보고 또 생각을 정리해서 자유롭게 발표까지 하는 모습이 인상 깊었습니다. 본인의 생각을 잘 정리해서 발표하면서도, 다른 사람의 의견을 집중해서 들을 줄도 알도록 해 주셔서 감사합니다."

"아이들이 자유롭게 의견을 발표하고 자료를 수집하는 수업 과정들이 너무 좋았습니다."

"모든 아이들이 수업 중에 자신의 생각을 자유롭게 발표하는 모습이 너무 보기 좋았습니다. 터치 화면과 칠판을 같이 활용하는 수업 방식이 아주 인상 깊었습니다."

2022년 9월 26일, 3년 만의 대면 수업을 참관한 학부모들의 구글 설문의 익명 소감입니다.

교대부초의 공간과 수업은 늘 열려 있습니다. 대구교대에 오는 외국의 대학이나 교육청 관계자가 꼭 들르는 곳입니다. 다른 시도의 교육 관계자나 고위 교육 행정 직원도 자주 방문을 합니다. 대구교대 신임 교수의 연수와 3, 4학년의 교육 실습도 있습니다.

대구초등수업나눔센터는 대구의 초등학교 선생님들과 소통하는 온·오프라인 공간입니다. 3~6학년 교육 활동 공간 혁신은 마무리가 되었고, 이번 겨울 방학에는 1~2학년 교육 활동 공간 혁신이 계획되어 있습니다. 교대부초의 공간 혁신과 수업 혁신은 일심동체입니다.

"저의 롤모델, ○○○. 40분 수업을 스킵 없이 끝까지 또 봅니다. 사실 그러기 쉽지 않은데. 그것만으로도 후배들에게 큰 귀감이 됩니다. 부탁드리고 싶은 말씀은 이런 수업이 교대부초뿐만이 아니라 일반 학교에서도 이루어지기를 바랍니다. 우리가 잘하고 있는 건 당연합니다. 교대부초는 우리 교사들의 드림팀이니 말이지요. 너들도 참 열심히 잘하고 있단다. '다 함께 같이 더 잘하자.'라는 메시지를 주시면 더욱 힘을 얻어서 앞으로 나갈 수 있을 것 같습니다. 곧 있을 수업 공개 때도 영상과 같이. 그 이상의 수업을 기대해 봅니다. 그리고 아이들이 참 예뻐요."

올해 교대부초의 수업을 참관한 대구의 초등학교 선생님의 익명 소감입니다. 2020학년도부터는 코로나19로 모두가 힘든 시간이었습니다. 학교도 무척이나 힘들었지만 교육의 방법을 바꾸는 대전환점이 되기도 했습니다. 늦은 온라인 개학을 하면서 모든 학반에서 실시간 쌍방향 수업을 시작했습니다. 2021학년도에는 교원들을 대상으로 실시간 쌍방향 수업을 공개했습니다. 2022학년도에는 교원들을 대상으로 대면 수업 공개를 하고 있습니다. 이 모두가 전국 최초의 일입니다. 교대부초는 수업이 일상이고 공개 수업 또한 일상입니다.

"선생님의 수업은 잘 차려진 가정식 백반 같다는 느낌이 든다. 김, 김치, 고등어구이와 같이 소박한 반찬들은 화려하고 자극적인 음식이 아니다. 그리고 밥과 함께 먹으면 든든하고 안정감이 든다. 그리고 계속 꾸준히 먹으면 몸에도 좋다. 선생님의 수업은 평범한 백반인데도 정성이 느껴진다. 그래서 그 수업을 계속 들으면 학생들은 건강하고 바르게 자랄 것 같다는 느낌이 든다. 나도 나의 식사 한 끼를 화려하지 않아도 정성스레 준비하고 싶다."

2014년 교대부초에서 수업 실습을 한 손병두 교생(현 경북 구미 인의초 교사)의 수업 참관 소감입니다. 영호의 수업 친구 중의 한 명입니다. 영호와 교대부초가 생각하는 수업의 기본이자 수업문 역량의 참모습이기도 합니다.

교대부초의 수업도 평소의 수업과 공개 수업은 간극이 있습니다. 가능하면 그 간극을 최소화하고 궁극적으로는 없애는 것입니다. 그래서 교대부초는 늘 수업에 대한 애끓음이 있습니다. 영호가 집밥 같은 수업을 강조해도 좀 더 좋은 수업을 공개하려는 수업자의 열정을 막을 수는 없습니다.

그래서 교대부초의 비전은 대한민국에서 가장 좋은 수업을 하는 학교입니다. 가장 좋은 점수를 매기는 것도 아니고 다른 학교와 비교하는 것도 아닙니다. 어제보다 더 나은 오늘의 수업, 오늘보다 더 좋은 내일의 수업을 위한 교대부초 교육 가족 한 분 한 분의 수업에 대한 겸손과 열정의 결정체입니다. 자신에 대한 부족함을 아는 것은 겸손입니다. 그 겸손은 발전을 위한 열정을 동반합니다.

그래서 영호가 생각하는 교대부초의 수업은 절차탁마의 과정입니다.

여러분들은 교대부초의 수업을 어떻게 생각하십니까?

"대구교육대학교대구부설초등학교의 수업은 (   )."

영호의 수업은

"어째서 30명이 대군입니까?"

영호는 궁금증을 참지 못하고 교감 선생님의 이야기 중간에 끼어들었습니다. 잠시 심각한 표정을 짓던 교감 선생님은 제일 뒤에 앉은 영호에게 달려오셨습니다.

"뭐라고. 이 ♡♡가(이) 말이 많아."

동시에 대나무 회초리로 영호의 등을 다섯 번이나 힘껏 내리치셨습니다. 교감 선생님이 수업 시간에 "삼국유사에 의하면 이웃 개령고을에 감문 고을에서 30명의 대군을 이끌고…" 하는 찰나에 영호가 끼어들어서 일어난 일입니다. 영호의 일생에서 가장 심한 체벌을 받은 날입니다.

가뜩이나 말이 적었던 영호는 그 이후에 말수가 더 적어졌습니다. 어른이 되어서도 말수가 적으니 괜한 오해를 받기도 했습니다. 말수가 적은 것은 그때 일도 하나의 원인이 되었지만, 말이 어눌해서 그런 면도 있습니다.

교감 선생님이 체벌 대신에 "다른 사람이 말을 할 때는 경청을 하고, 말이 끝난 다음에 하고 싶은 말을 하는 것이란다."라고 했으면 어땠을까요? 영호가 수업을 할 때도 6학년 때와 같은 일이 많이 일어납니다. 그러면 영호는 한두 번은 경험을 이야기하면서 좋은 말로 타이릅니다. 그래도 끼어들기가 되풀이될 때는 정문일침을 합니다.

영호는 2015년에 폐교된 경북 김천시 아포읍의 대신초등학교를 다녔습니다. 한글을 깨치지 못하고 입학을 해서 1, 2학년 통지표에는 양 떼와 아름다울 미 자가 대부분이었습니다. 2학년 때 고영희 선생님은 지극정성으로 문자와 주산 지도를 해 주셨습니다. 6학년 국어 시간에 김명진 선생님은 한쪽 분량의 글을 틀리지 않고 끝까지 읽기를 시켰는데, 희망한 그 누구도 성공하지 못했습니다. 마지막에 선생님께서 정확하게 읽으셨는데, 국어의 소중함을 알게 한 시간이었습니다.

아포중학교는 자전거로 십 리가 넘는 비포장길을 통해 다녔습니다. 1학년 영어 시간에는 스쿨(School)과 같이 스펠링과 발음 기호가 따로 있는 낱말이 있다는 것을 처음 알았습니다. 반에서 8등을 하다가 전교에서 2등을 하는 등 노력 여하에 따라서 성적이 널뛰기를 하던 시절이었습니다.

송설당 여사의 애국 애민의 정신이 깃든 김천고등학교는 기차 통학과 자취의 경험이 쌓이는 시절이었습니다. 2~3학년 담임이셨던 전장억 선생님은 참 재미있는 국어 수업을 하셨습니다. 사자성어 뜻풀이, 한 번도 막힘없이 술술 외우셨던 사미인곡, 속미인곡, 독립선언문 등등은 아직도 귓가에 맴도는 듯합니다. 지금은 그리 어려운 낱말이 아니지만, 당시에는 매우 생소했던 표절(剽竊)이라는 말을 영호가 맞혔던 기억도 있습니다.

영호는 아이들을 가르치면서 좋은 수업을 하고 싶었습니다. 자청해서 공개 수업도 하고 책을 보고 공부를 하는 데도 게으름을 피우지 않았습니다. 장학사로 장학 지도를 나갔을 때도 수업을 했습니다. 교장이 된 지금도 수업을 하고 있습니다. 누구에게 보이기 위한 것이 아니라 자기만족입니다.

그러는 사이에 평소에 생각했던 것을 엮어서 『수업? 너를 기다리는 동안』을 시작으로 『수업, 너를 만나 행복해』, 『수업. 너 나하고 결혼해』, 『교장 선생님이 수업을 한다고』의 졸저가 세상과 만나고 있습니다.

이런 과정을 거치면서 영호가 생각하는 수업 역량을 역사용 역량, 수업 철학 역량, 수업 행복 역량, 수업문 역량으로 정리를 했습니다.

역사용은 역지사지, 사랑, 용기입니다.

수업 철학은 방법에 앞서 왜라는 근본적인 질문을 해 보는 것입니다. 이론적인 바탕도 튼튼해야 합니다.

수업 행복은 수업 그 자체에서 행복을 찾자는 것입니다. 수업문은 언제라도 누구에게라도 내 수업의 문을 활짝 열자는 것입니다.

우리 교대부초 선생님들도 이 네 가지 수업 역량을 갖추기 위해 겸손과 열정으로 일신우일신 하고 있습니다.

영호는 초등학교부터 대학원까지 많은 선생님으로부터 좋은 수업을 받았습니다. 수업을 받은 것보다 훨씬 많은 시간을 아이들과 함께 수업을 했습니다. 교원, 교육 전문 직원, 대학생, 학부모 등 여러 사람들과 영호의 수업 이야기를 나누는 기회도 많았습니다.

영호의 언행을 되돌아봅니다. 영호의 말 한마디, 행동 하나가 누군가에게 평생의 등불과 소금이 된 적이 있는가. 아니면 또 다른 누군가에게는 가슴에 상처가 되지는 않았는가.

영호의 또 다른 인생 수업을 위해서 수업 철학이자 인생철학인 절차탁마의 초심으로 다시 시작합니다.

영호네 김장과 교대부초의 수업

영호네 김치는 맛이 참 좋다고 합니다. 김장을 하는 날에는 지인의 발길이 이어지고, 김장 김치가 떨어질 때면 슬그머니 김치 맛있다는 말로 김치를 부탁하기도 합니다. 영호네 김치는 홍보를 하는 것도, 판매를 하는 것도 아니지만, 알음알음 지인들의 입소문을 타고 있습니다.

영호네 김치맛은 부지런한 동생과 무뚝뚝하지만 정이 많은 누님 세 분, 집안의 대소사에 앞장서는 아내가 있기에 가능한 일입니다. 영호는 농사에는 건성이고 생색내기에 더 열중하지만, 누님들에게 교통수단을 제공하고 필요한 물품을 때에 늦지 않게 구입하는 등의 일을 합니다. 그래서 영호네 김장은 분업과 협업의 산물입니다.

2022년 8월 13일에 모두가 모여서 무 씨앗과 배추 씨앗을 넣었습니다. 모종을 심지 않고 씨앗을 뿌리는 것은 자라는 과정에서 채소 맛을 보고, 좋은 품종을 선택하는 일석이조의 효과가 있습니다. 고추는 4월 하순에 모종을 사서 심었습니다.

해와 달과 바람과 비가 채소를 키웠습니다. 동생과 누님들의 정성이 더했습니다. 밭 한가운데 있는 부모님들이 늘 지켜 주신 덕분이기도 합니다. 그래서 고추와 무, 배추가 잘 자랐습니다. "농작물은 농부의 발자국 소리를 듣고 자란다."라는 말이 있습니다. 부지런한 농부의 손길과 자연환경이 잘 어우러지면 금상첨화입니다.

한여름 내내 동생이 붉은 고추를 거두고, 11월 둘째 주말에는 무를 거두고, 셋째 주말에는 배추를 수확했습니다. 한 주 뒤인 2022년 11월 26일과 27일에 김장을 했습니다.

교대부초는 대구초등수업나눔센터를 운영하고 있습니다. 대구초등수업나눔센터란 교육 과정 재구성, 학생주도수업, 프로젝트 수업 등 미래에 유용한 수업이 일상적으로 이루어지는 학교에서 운영하는 센터로서, 개별 교원 및 교사 공동체의 요청과 선택에 따른 현장 밀착형 수업 공개, 맞춤형 수업 코칭 및 컨설팅을 운영하면서 수업 나눔과 수업 성찰의 기회를 제공하고, 단위 학교 교육 활동을 지원하는 역할을 수행하는 것입니다.

학생 주도 현장 수업 지원은 요청형 지원인 원스톱 학생주도수업 컨설팅 운영과 선택형 지원인 교학상장 상시 수업 공유 운영의 2-Track으로 운영하고 있습니다. 선택형 지원인 교학상장 상시 수업 공유는 4월 13일에 시작해서 12월 14일 수요일에 마쳤습니다. 2022학년도의 실적은 상시 수업 공개(대면 수업+실시간 스트리밍+유튜브 영상 탑재)는 총 75회(반)로 대면 참관만 550여 명입니다. 학생주도수업 컨설팅은 온·오프라인의 개인 및 팀(학교)의 수업 컨설팅 124회, 평가 관련 연수 46회입니다.

교대부초 교육 가족은 좋은 수업을 위해 함께 가는 길의 초석을 다지는 데 매진하고 있습니다.

영호네 김장은 직접 재배해서 키운 고추, 배추, 무, 마늘 등과 시장에서 구입하는 찹쌀, 젓갈 등이 잘 어우러져야 맛을 냅니다. 특히 고추, 배추 등의 원재료가 좋아야 합니다. 좋은 씨앗이나 모종을 사고 잘 키워야 합니다. 자연의 도움과 사람의 노력은 작물을 잘 키우기 위한 필요충분조건입니다.

교대부초의 수업은 국어, 사회, 수학, 과학 등의 단일 교과 수업과 교대부초 프로젝트 수업이 조화를 이루고 있습니다. 프로젝트 수업을 잘하기 위해서는 단일 교과 수업에 정통해야 합니다. 교대부초 교원 모두가 수업 전문가지만, 개인과 교육 가족 전문학습공동체의 배움의 열정은 식을 날이 없습니다.

영호네 김장이 하루아침에 이루어진 게 아니듯이 교대부초의 수업도 우연히 집밥 같은 좋은 수업이 된 것은 아닙니다. 영호네 김장이나 교대부초의 수업은 구성원들의 절차탁마의 과정이며, 나눔의 철학입니다.

영호네 김장은 가족의 연령 구성을 볼 때 언제까지나 지금과 같은 형태로 지속할 수는 없습니다. 하지만 영호네 김장의 형태는 바뛰더라도 그 정신만은 이어지기를 소망합니다. 교대부초 수업은 앞으로도 겸손과 열정으로 일신우일신 하면서 대한민국에서 가장 좋은 수업을 하는 학교인 대구교육대학교대구부설초등학교만의 수업 철학이 면면히 이어지기를 소망합니다.

영원한 것은 없다고 하지만 영원한 것이 필요하기도 합니다.

영호의 마지막 수업을 준비하면서

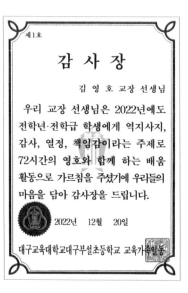

감사장과 축하 그리고 수업

책임감이라는 주제로 1학년 3반에서 수업을 마치고 돌아서려는 순간에 아이들이 영호를 에워싸고 준 감사장입니다. 정유건이 영호에게 상장 내용을 읽고 배수현이 꽃다발을 주었습니다. 가슴이 뭉클하고 눈시울이 붉어져서 잠시 고개를 돌렸습니다. 그렇게 2022학년도의 마지막 수업을 마쳤습니다.

예존겸기는 2023학년도에 영호가 교대부초 아이들과 함께 나눌 배움 문제(수업 주제)입니다. '예'는 예의의 첫 번째 글자이고, '존'은 존중의 첫 번째 글자입니다. '겸'은 겸손의 첫 번째 글자, '기'는 끈기의 두 번째 글자입니다. 예존겸기는 예의를 갖추고 존중하며, 언제나 겸손하게 기(끈기, 気)를 살려 미래의 삶을 준비하는 대구교대부설 어린이라는 함축의 의미도 있습니다. 이것은 대구동천초등학교 구본주[1] 교감 선생님이 페이스북을 통해서 작명을 해 주셨습니다.

수업 주제를 정하기 위해 2022 학교 평가 및 2023 교육 계획 수립을 위한 설문지를 통해 영호와 함께하는 행복 수업을 진행할 때 설문을 했습니다. 학생, 학부모, 교원이 각각 4가지씩을 선택했습니다. 교대부초 교육 공동체 설문의 평균이 20퍼센트 이상인 것에서 네 가지를 정했습니다. 2021학년도의 수업 주제인 용행칭사(용기+행복+칭찬+사랑)와 2022학년도의 수업 주제인 역사정감(역지사지

---

1) 현 대구칠곡초등학교 교장.

+감사+열정+책임감)의 8가지는 설문에서 제외했습니다.

예의는 사람이 지켜야 할 예절과 의리입니다. 예절은 예의에 관한 모든 절차나 질서입니다. 흔히 사용하는, 일상생활에서 갖추어야 할 모든 예의와 절차의 의미인 예의범절이라는 말이 있습니다. 의리는 사람으로서 마땅히 지켜야 할 도리입니다. 대구교대부설초 모든 교육 가족이 예의범절이 바른 사람이면 좋겠습니다.

존중은 높이어 귀중하게 대하는 것입니다. 귀중은 귀하고 중요한 것입니다. 내가 존중받기 위해서는 내가 먼저 다른 사람을 존중해야 합니다. 사람은 남녀노소 누구나, 어떤 일을 하거나 귀하고 중요한 존재입니다. 선생님은 학생을 학생은 선생님을 존중하면 좋겠습니다. 나는 너를 너는 나를 존중하는 우리면 좋겠습니다.

겸손은 남을 존중하고 자기를 내세우지 않는 태도입니다. 즉, 겸손은 다른 사람에게 나를 낮추는 것입니다. 그보다 더 중요한 것은 자신에게 겸손한 것입니다. 지금 내가 실력이 좋더라도 많이 부족하다고 생각하고 더 열심히 노력하겠다는 것이 자신에 대한 겸손입니다. 그런 겸손은 열정을 동반합니다. 그래서 겸손과 열정으로 하루하루 새로워지는 일신우일신(日新又日新) 하면 좋겠습니다.

끈기는 쉽게 단념하지 아니하고 끈질기게 견디어 나가는 기운입니다. 작심삼일(作心三日)이라는 말이 있습니다. 단단히 먹은 마음이 사흘을 가지 못한다는 뜻으로, 결심이 굳지 못하다는 말입니다. 바꾸어 말하면 끈기가 부족한 것입니다. 한번 시작한 것은 마무리를 지을 때까지 해 나가는 끈기가 충만한 교대부초 학생이면 좋겠습니다.

영호는 2021학년도에는 용행칭사로 학반마다 4시간씩, 모두 72시간의 수업을 했습니다. 2022학년도에는 역사정감으로 학반마다 4시간의 수업, 모두 72시간의 수업을 했습니다. 이제 예존겸기로 4시간씩, 72시간의 수업을 준비합니다.

다시는 돌아오지 않을 영호의 마지막 수업입니다.

좋은 수업을 위한 선생님의 수업 역량

"혹시 김영호 선생님 아니세요?"

"예, 맞습니다. 김영호입니다."

"교장 선생님, 저는 43회 졸업생 김○희입니다. 눈썹을 보고 김영호 선생님이라는 걸 알았어요. 지금은 인자해 보이시네요. 그때는 아주 무서웠었는데…"

"허허, 눈썹을 보고…. 그때도 인자했었는데…"

2023년 3월 2일 아침에 교대부초 교문에서 아이들과 인사를 주고받는 가운데 만난 졸업생입니다. 김○희는 영호가 2003학년도 교대부초에서 5학년을 담임할 때 옆 반 학생이었습니다.

2023학년도가 시작되었습니다. 첫날에는 아이들도 선생님도 긴장과 설렘이 교차하고, 용기와 두려움이 오가는 날이기도 합니다. 선생님들은 아이들의 특성을 파악하고 학급 경영을 시작하는 출발점입니다. 아이들도 담임 선생님이 어떤 선생님인지 궁금한 것이 많은 날입니다. 아이들의 궁금증은 학부모님들에게는 더한 궁금증으로 이어집니다. 오후에 협의회를 하면서 선생님들의 하루하루가 무서운 선생님보다는 인자한 선생님으로 기억되는 수업을 하실 것을 당부했습니다.

영호는 아이들을 가르칠 때나 교육 전문 직원, 그리고 교감, 교장을 하면서도 늘 수업을 생각했습니다. 그래서 수업에서 선생님의 역할에 대해서 고민하고 몇 권의 졸저를 집필했습니다. 졸저인 『수업. 너 나하고 결혼해』에서 선생님의 수업 역량을 생각해 보았습니다. 역량을 간단히 표현하면 어떤 일을 해낼 수 있는 힘입니다.

그래서 선생님의 수업 역량은 곧 선생님이 수업을 할 수 있는 힘입니다. 영호는 좋은 수업을 위한 선생님의 수업 역량을 역사용 역량, 수업 철학 역량, 수업 행복 역량, 수업문 역량의 네 가지로 정했습니다.

역사용 역량은 역지사지, 사랑, 용기입니다. 역지사지는 상대방의 입장이 되어 보는 것입니다. 사랑은 아끼거나 좋아하는 것입니다. 용기는 씩씩한 기운입니다. 역사용은 인간이면 누구나 가져야 할 역량입니다. 우리 선생님의 가장 기본적인 역량입니다. 아이들의 입장이 되어 보면 아이들을 사랑하게 될 것입니다. 이 또한 용기입니다. 세상에서 모든 사람들이 저마다 귀하다는 것은 가치의 중심이 사람이라는 뜻입니다. 역사용은 인간의 근본입니다.

수업 철학 역량은 수업에 대한 근본적인 질문입니다. 나는 왜 수업을 하는가? 수업 철학은 곧 선생님의 삶의 철학입니다. 나는 왜

사는가? 수업 철학은 선생님의 인생입니다. 나는 왜 수업을 하고, 왜 사는가? 방법에 앞서 '왜'를 생각하는 수업이면 좋겠습니다. 수업에 대한 해박한 이론은 수업 철학을 더욱 굳건하게 하겠지요. 최근에는 현장에 근거한 수업 이론, 학습 이론이 많습니다. 실천적이고 참여적인 이론입니다. 궁극적으로 학교 현장에서 이론을 만들고, 적용하고, 다시 새로운 이론을 만들어 가는 선순환이 이루어지기를 기대합니다.

수업 행복 역량은 수업에서 행복을 찾자는 것입니다. 행복의 시작은 몸과 마음의 건강입니다. 선생님의 심신의 건강은 수업 행복의 시작입니다. 수업은 선생님과 아이들이 함께 만들어 갑니다. 수업 행복은 선생님과 아이들의 상호 작용입니다. 선생님과 아이들이 눈맞춤으로 시작해서 이심전심으로 마무리하는 수업이면 좋겠습니다. 조벽 교수는 "일주일에 한 번만이라도 좋은 수업을 한다면 성공이다."라고 했습니다. 선생님들이 일상에서 가장 많이 하는 수업에서 행복을 찾았으면 좋겠습니다.

수업문 역량은 교실을 열자는 것입니다. 교실을 열자는 것은 선생님의 수업을 열자는 것입니다. 선생님의 수업을 여는 전제 조건은 바로 선생님의 마음을 여는 것입니다. 수업문이 굳게 닫힌 교실왕국을 버려야 합니다. 수업문이 활짝 열린 교실 천국을 소망합니다. 활짝 열린 수업문은 우리 모두의 행복문입니다. 굳이 따진다면 수업문 역량은 선생님의 수업 역량에서 가장 으뜸이라고 할 수 있습니다. 집밥 같은 수업이 일상이 되는 것은 수업문을 열 수 있는 아주 중요한 시작입니다.

우리 선생님들이 역사용 역량, 수업 철학 역량, 수업 행복 역량, 수업문 역량이 충만하길 소망합니다. 그래서 모든 교실에서 좋은 수업을 위한 일신우일신이 계속되길 응원합니다.

선생님이 바뀌면 수업이 바뀝니다.
수업이 바뀌면 학교가 바뀝니다.
결국 학교의 시작도 끝도 수업입니다.

수업에서 행복을 만나다

 2022년 6월 24일 금요일에 대구교육대학교대구부설초등학교에서 전국 국립대학교 부설초등학교 연합회(약칭 전부련) 회원 500여 명이 참석한 학생주도수업으로 '수업에서 행복을 만나다'라는 주제로 전국 워크숍을 개최했습니다.

 전부련 워크숍은 교수·학습 방법 개선을 목적으로, 2000년대 이전부터 전국의 16개교의 전부련 회원 학교에서 차례대로 개최하고 있습니다. 교대부설초는 2003년 7월 24일 목요일에 창의성 계발을 주제로 전부련 워크숍을 개최했었습니다. 5학년 담임이었던 영호는 국어과 사회를 보았습니다. 2015년 4월 1일 수요일에는 인성 교육 중심 협력 학습 전국 워크숍을 개최하여 1,400여 명이 참석하여 성황을 이루기도 했습니다. 교대부초에서 열린 워크숍에 이런 인원이 참석한 것은 전무했고 후무할 것 같습니다. 교감이었던 영호는 이것저것 준비할 것이 많았습니다.

 이번 워크숍의 주제인 학생주도수업은 OECD 2030 학습나침반에서 제시한 학생 주도성(Student agency)에 기초한 개념으로, 학생이 배움의 주체자로서 주도적으로 학습하고 성찰하며 상호 협력을 통해 함께 성장해 나가는 수업으로 대구광역시교육청에서 적극적으로 추진하고 있는 수업 정책이기도 합니다.

워크숍은 양악 중주, 사물놀이, 중창의 축하 공연을 시작으로 환영사와 축사 등으로 개회식을 마쳤습니다. 120분에 걸친 주제 발표는 프로젝트 4개 분과, 국어 3개 분과 등 23개의 분과에 41명이 학생주도수업 실천 사례를 발표하고 협의를 하는 과정을 거쳤습니다.

전부련 워크숍 학교장 소개 및 인사

교대부초에서는 이번 워크숍 참석자를 대상으로 익명으로 답하는 구글 설문지를 작성해서 워크숍 소감과 발전 방안에 대한 의견을 수렴했습니다.

"주최 측에서 알찬 준비와 교사 중심의 수업 나눔으로 진행되어 참 좋았다. 코로나 상황에 맞게 소규모로 진행하는 등 세심한 배려가 좋았다."

"전국의 국립 부설초등학교 선생님들을 만나서 반갑고 많은 것을 배우는 시간이었다. 다른 학교의 수업 장면을 공유하고 이야기를 나눌 수 있어서 좋았다."

코로나19 때문에 2020학년도에는 워크숍을 개최하지 못했습니다. 2021학년도에는 한국교원대학교부설월곡초등학교에서 온라인으로 워크숍을 개최했습니다. 우리 학교 차례인 2022학년도는 무조건 대면 워크숍을 개최한다는 생각을 했습니다. 전부련 소속 학교에도 미리 안내를 드렸습니다.

2022년 3월부터 하나하나씩 준비를 했습니다. 주제를 정하고 어떻게 운영을 하면 좋을까 고민을 했습니다. 지금까지 전부련 워크숍 자료집을 보면서 주제는 학생주도수업으로 정하고, 교과별로 발표를 하는 것으로 정했습니다. 특강은 하지 않기로 했습니다.

원고 작성 방법, 학교별 교과 희망, 운영 시간 등 세부적인 것을 하나씩 정리를 했습니다. 우리 학교 선생님 네 분에게 원고 작성을 부탁했습니다. 표 중심이 아니고 이야기 중심의 원고 작성이었습니다. 워크숍 2개월 전에 공문을 발송하고 1개월 전까지 발표 자료를 받았습니다. 몇 분 선생님이 자료집 정리를 하고 몇 번의 교정을 마치고 인쇄소에 넘겼습니다. 워크숍 당일 버스 주차 문제, 점심 식사, 개인별 가방에 들어갈 물품 등 준비할 게 참 많았습니다. 대곡중학교 박학렬 교장 선생님이 운동장을 개방해 주서서 10여

대가 넘는 버스 주차 문제가 해결되었습니다. 워크숍 전날 밤에는 모든 선생님들이 8시가 넘는 시간까지 마지막 준비를 마쳤습니다.

"하늘은 스스로 돕는 자를 돕는다."고 했습니다. 밤새 오락가락 하던 비는 시작하기 전에는 거짓말같이 유월의 하늘을 보여 주었습니다. 그렇게 교장인 영호의 전부련 워크숍을 무사히 마쳤습니다. 다음은 『학생주도수업으로 수업에서 행복을 만나다』라는 전부련 워크숍 책자의 영호 인사말입니다.

반갑습니다, 장맛비를 뚫고 새벽길을 달려오신 전부련 회원님. 모두모두 환영합니다.

회원 여러분, 참으로 어려운 시기를 잘 이겨 왔습니다. 2020년부터 시작된 코로나의 팬데믹은 지금껏 경험하지 못한 새로운 교육 환경을 요구했습니다. 교문은 굳게 잠기고 학생들은 원격 수업으로 배움을 이어 갔습니다.

그런 어려운 환경에서도 우리 16개교의 국립부설초등학교에서는 실시간 쌍방향 수업을 선도하고, 그 노하우를 학교 현장에 보급하는 데 앞장을 섰습니다. 일신우일신의 나날이었습니다. 그리고 마침내 오늘 3년 만에 다시 한자리에 모였습니다. 코로나19를 극복하면서 학생주도수업을 한 소중한 경험을 나누는 자리입니다.

학생주도수업은 OECD 2030학습나침반에서 제시한 학생 주도성(Student agency)에 기초한 개념으로, 학생이 배움의 주체자로서 주도적으로 학습하고 성찰하며 상호 협력을 통해 함께 성장해 나가는 수업입니다. 배움의 주체는 학생입니다. 학생주도수업은 물고기를 잡아 주는 것이 아니라 물고기를 잡는 방법을 가르치는 이치와 같습니다. 우리 학생들과 선생님들이 학생주도수업을 하면서 수업에서 행복을 찾는 나날이기를 소망합니다.

좋은 원고를 준비하고 발표하시는 23개 분과 41분의 선생님, 사회를 맡으신 23분 선생님, 참석하신 모든 분들께 감사의 존경의 마음을 듬뿍 담아 드립니다.

전국 국립대학교 부설초등학교는 국민 기초 교육, 상설 연구 학교, 교육 실습 학교 등의 질 높은 교육으로 대한민국의 초등 교육을 선도하고 있습니다. 하지만, 우리는 최고라는 자만심을 버리고 최선을 다한다는 겸손한 마음이기를 소망합니다. 겸손하고 겸손하고 또 겸손하며 열정으로 일신우일신 하는 전국국립대학교부설초등학교 교육 공동체이길 소망합니다.

본 워크숍을 도와주신 모든 분들과 학생들의 성장을 위해 겸손과 열정으로 일신우일신 하며 불철주야 절차탁마하시는 전국 국립대학교 부설초등학교의 모든 분들께 감사를 드립니다.

환영합니다. 응원합니다. 사랑합니다.[2]

영호는 2022학년도에 전부련 회장을 맡았습니다. 교장 회의 및 참석, 워크숍, 권역별 워크숍 참석 등으로 목포 부설, 제주 부설, 서울 부설, 공주 부설, 청주 부설, 광주 부설, 안동 부설 등 많은 부설 학교를 방문했습니다. 그리고 전부련 소식지인『각양각색 부설 교육』을 발간하는 것도 우리 대구 부설의 몫이었습니다.

『각양각색 부설 교육』은 국립초등학교에서 매년 발간하는 소식지입니다. 이번에는 사진으로 보는 부설 교육, 학교별 연구 학교 추진 현황, 학교 특색 교육, 전부련 소식, 교장 선생님 인사, 회장 인사 순으로 책을 엮었습니다. 다음은 영호의 회장 인사입니다.

전국의 16개 국립대학교부설초등학교는 국민 기초 교육, 상설 연구 학교, 교육 실습 학교 등의 질 높은 교육으로 대한민국의 초등 교육을 선도하고 있습니다. 하지만 우리는 최고라는 자만심을 버리고 최선을 다한다는 마음이기를 소망합니다.

우연히 시작된 코로나19의 팬데믹으로 교문은 굳게 잠기고 학생들은 원격 수업으로 배움을 이어 갔습니다. 어려운 환경에서도 국립 부설초에서는 실시간 쌍방향 수업을

---

2) 수업에서 행복을 만나다(2022). 전국국립대학교부설초등학교연합회 워크숍 자료집. p.1.

선도하고, 그 노하우를 학교 현장에 보급하는 데 앞장을 섰습니다.

그런 가운데서도 2022년 6월 24일에는 대구교육대학교 대구부설초등학교에서 전국 국립대학교 부설초등학교 교원 500여 명이 모여서 학생주도수업이라는 주제로 3년 만에 대면 워크숍을 통해서 전문성을 신장하고 확산하는 계기도 마련했습니다.

『각양각색 부설 교육』에는 전국 16개 국립 부설초등학교 교육 활동의 정수가 담겨 있습니다. 학교마다 다른 교육 철학이 서로 하나가 되어 겸손과 열정으로 일신우일신 하는 모습입니다.

겸손은 남을 존중하고 자기를 내세우지 않는 태도입니다. 열정은 어떤 일에 열렬한 애정을 가지고 열중하는 마음입니다. 일신우일신은 날마다 새로워지고 또 새로워진다는 뜻으로 나날이 발전해야 한다는 것입니다.

2023학년도에도 부설초의 특색을 살리는 각양각색의 교육을 실천하여 일반화하는 데 노력해 주시기 바랍니다. 그리고 겸손하고 또 겸손하며 열정으로 일신우일신 하는 부설 교육 공동체이길 소망합니다.

사랑합니다.[3]

---

3) 2022 각양각색 부설교육(2023). 전국국립대학교부설초등학교연합회 자료집. p.66.

전무런의 워크숍도 영호의 학교 가는 길의 참 좋은 날의 하루였습니다.

교대부초의 꽃배GC

꽃배GC는 교대부초의 온·오프라인 교육 활동을 총칭하는 말입니다. '꽃배'는 교대부초의 상징 동물인 '꽃사슴'과 '배움터'의 첫 글자이고, 'GC'는 '구글 클래스룸(Google Classroom)'의 첫 스펠링입니다.

2023년 1월 18일(수)에 졸업식 및 종업식을 하면서 2022학년도 온·오프라인 배움 정리인 꽃배 GC를 모든 학생 및 학부모에게 피드백을 했습니다.

꽃사슴 배움터는 교-수-평-기 일체화의 자료집으로 교과별 성취기준과 창의적 체험 활동, 프로젝트 학습, 서술형 평가 등의 모든 교육 활동이 들어 있습니다. 프로젝트 학습은 전 학년 공통 주제인 생명과 환경, 메이커, 문화·예술, 경제·금융의 네 가지와 학년별 특색 주제로 구성되어 있습니다. 또한 생활본과 앞뒤로 합본이 되어 있어서 활용성이 매우 높습니다.

구글 클래스룸은 모든 학생이 학년마다 하나의 계정을 가지고 있습니다. 즉, 2022학년도 3학년 2반 1번인 ○○○ 학생의 계정은

'223201@gyodae.es.kr'입니다. 이 계정에는 3학년의 1년 동안의 모든 온라인 교육 활동 내용이 저장되어 있습니다. 계정과 비밀번호만 알고 있으면 10년이나 30년 후 등 언제든지 3학년 때의 배움을 확인할 수 있습니다.

꽃배GC에 대한 3학년 이상 학생 200여 명의 설문[4]에서 가장 많이 나온 답은 다음의 두 가지입니다.
"꽃사슴 배움터 기록이다."
"구글 클래스룸은 교실이다."

꽃사슴 배움터 설문 결과   구글 클래스룸 설문 결과

설문에서 "꽃사슴 배움터는 기록이다."라고 답한 학생은 "나의 학

---

4) 꽃사슴 배움터는 (　)이다. 구글 클래스룸은 (　)이다.

습의 문제점을 찾아 그 점을 보완하며 성장할 수 있게 도와주기 때문이다."라고 했습니다.

"구글 클래스룸은 교실이다."라고 한 학생은 "클래스룸을 통해서 마치 교실처럼 서로 소통하고 자료도 나눌 수 있었기 때문이다."라고 이유를 밝혔습니다.

"배움에서 잘한 점은 궁금한 점을 질문하는 등 발표에 적극적으로 참여하면서 수업에 집중해서 참여하려고 노력했다는 점이다. 부족했던 점은 평가 준비를 꼼꼼하게 하지 못했던 것이다. 배움으로 성장한 점은 교과 수업이나 프로젝트 수업에서 내 자신의 아이디어를 낸 점이다. 2학기에는 더욱더 열심히 수업에 참여하겠다."
꽃사슴 배움터 피드백을 받은 최민서 학생의 소감입니다.

"민서가 5학년이 되면서 몸도 마음도 많이 성장하여 스스로 목표도 정하고 자기 조절 능력도 생기면서 의욕도 많아진 것 같습니다. 수업에 열심히 참여하면서 학교생활, 친구들과의 관계도 알아서 잘해 나가는 민서가 대견하고 자랑스럽습니다. 지금처럼 민서의 걸음 속도에 맞추어 민서를 기다리고 믿어 주며 응원하겠습니다. 민서가 항상 기대어 쉴 수 있는 나무 같은 부모가 되도록 노력하겠습니다. 학교생활이 지금처럼 행복하길 바랍니다."
꽃사슴 배움터 피드백을 받은 최민서 학생의 어머니인 신수미 님의 소감입니다.

영호는 1학기와 2학기 두 번의 피드백을 했습니다. 다음은 모든 학생의 꽃사슴 배움터에 붙인 영호의 피드백 내용입니다.

꽃배GC는 함께 만들어 가는 우리 교대부초의 역사입니다.

공간 혁신과 수업 혁신

"바뀐 교실에서 수업하니 우리가 이렇게 멋있고 시설 좋은 공간에서 수업한다는 자부심이 생깁니다. 곧 졸업을 하는데, 졸업하면 이 좋은 시설을 사용할 수 없어서 매우 아쉽습니다. 좋은 시설을 만들어 주서서 감사합니다. 3~4학년도 이런 장소로 바뀐다면 공부와 학교에 대한 인식이 좋아질 것입니다. 우리 교대부설초는 최고의 초등학교다!"

2021학년도 2학기를 시작하면서 6학년 서준영, 이세원 학생의 소감입니다.

"사물함이 넓어져서 물건을 편하게 넣고 뺄 수 있고 한 줄로 놓여 있어서 머리를 부딪치지 않아서 좋다. 복도의 오각형 모양의 소파에서는 쉬는 시간에 친구와 이야기를 나누고 누울 수도 있는 공간이 있어서 좋다. 또 반과 반을 연결하는 문이 없어져서 조금 시끄럽긴 하지만, 자유롭게 이동할 수 있고 2, 3반에 있는 기구도 자유롭게 활용할 수 있어서 좋다. 또 복도에 물결 모양의 탁자가 있어서 공부를 할 수 있으니 좋은 공간이 생긴 것 같다."

공간 혁신을 한 교실에서 2022학년도 2학기 첫 수업을 한 4학년

황시안 학생의 소감입니다.

우리 학교는 교육부의 국립 학교 공간 혁신 사업 공모에 세 번 연속 선정되어 모든 학년의 교육 활동 공간 혁신을 마쳤습니다. 1~2학년은 8억 5천만 원의 예산으로 2022학년도 겨울 방학에 공사를 마치고, 2023년 3월 2일에 새 아이들을 맞이했습니다. 3~4학년은 8억의 예산으로 2022학년도 여름 방학에 공사를 마쳤습니다. 5~6학년은 2021학년도 여름 방학에 교육 활동 공간 혁신을 마무리했습니다. 공사를 위해서 방학 기간을 조정하기도 했습니다.

3~4학년 공간 혁신은 40일 이상의 공사 기간을 확보하기 위해서 2022년 9월 6일에 2학기 개학을 했습니다. 3~4학년 공간 혁신 사업은 기획 단계, 설계 단계, 시공 단계, 준공 후 단계로 추진했습니다. 교대부설초의 시설 중에서 가장 열악했던 본관동의 화장실도 바닥을 전면 재시공하는 등의 현대화 시설로 탈바꿈했습니다. 과학실은 온·오프라인 실험이 가능한 공간으로 바뀌었으며, 누수의 원인이 되었던 지붕 공사도 마무리를 했습니다.

3~4학년 공간 혁신을 마치고 2022학도 2학기에 교육부의 공간 혁신 공모가 또 있었습니다. 2022학년도에 예산을 지출해야 한다는 조건이 있었습니다. 즉, 겨울 방학에 공사를 하고 2023학년도가 되기 전에 마쳐야 한다는 것이었습니다. 담당 선생님은 추석 연

휴도 반납하고 100쪽이 넘는 계획서를 보냈습니다.

서류 및 현장 방문 심사에 통과해서 8억 5천만 원의 예산을 받았습니다. 다행히 여름 방학 때 3~4학년군 공간 혁신을 한다고 봄 방학 없이 겨울 방학을 하면 새 학년도까지 40여 일의 기간이 있었습니다. 전화위복이 된 셈입니다.

교대에서 입찰 등의 업무를 추진하고 우리 학교에서도 세심한 준비를 했습니다. 방학을 하기 전에 물품을 옮기는 등의 작업을 마무리했습니다. 늦어도 2월 26일까지는 공사를 마쳐야 1학년 신입생을 맞이하는 데 어려움이 없었습니다.

공사 업체 담당자가 예전에 우리 학교에 입학하려고 지원했다가 추첨에서 떨어졌다고 합니다. 집안에 우리 학교를 졸업한 분이 있었고 조카가 지금 재학하고 있기도 했습니다. 그래서 그런지 지금까지 학교 공사를 한 업체 가운데 가장 협조적이고 적극적이었습니다.

| 1~2학년군 | 3~4학년군 | 5~6학년군 |

각 학년군마다 조금씩 특색이 있습니다. 1~2학년군은 놀이 중심

학교 가는 길 집으로 가는 길

학습 환경, 3~4학년군은 유연한 학습 환경, 5~6학년군은 스마트 학습 환경입니다. 처음 5~6학년군 공간 혁신을 할 때 미리 계획을 세운 것입니다.

공간 혁신 사업 업무를 맡은 조현주 교사는 "민주적인 학교 문화를 기반으로 교육의 본질을 추구하고자 하는 학교 구성원들의 자발성은 학생 참여형 교육 활동으로 이어져 미래 역량을 갖춘 학생, 수업의 리더인 교사, 학교 교육의 동반자로서의 학부모가 함께 '미래 인재'를 키우기 위해 학교 공간 혁신 사업을 통한 학습 환경의 다양성과 활동성을 확보할 필요가 있다. 더불어 학생들의 배움터로 거듭나고 지역과 함께 성장하는 미래형 학교의 모습을 갖추기 위해 학교 단위 공간 혁신이 꼭 필요하다."고 했다.

"교장 선생님, 이제 공사 그만해요."
2023년 3월에 점심을 먹고 운동장에서 아이들 몇 명과 이야기를 나누는 중에 6학년 여자아이가 한 말입니다.
그러고 보니 2020년 9월 1일자로 교대부초에 전입해서 방학 중에는 늘 공사가 진행되었습니다. 그래서 지금은 모든 학년의 교실과 복도의 교육 활동 공간은 공사가 마무리되었습니다. 특별실인 컴퓨터실 등도 최적의 교육 환경으로 마무리가 되었습니다.
교문 공사, 바닥 공사, 급식실 위에 3층까지 증축 등의 공사는 중장기 계획으로 추진하고 있습니다.

여기서는 학교의 공간 혁신 공사 중에 가장 힘들었던 것 하나만 소개를 합니다.

2020학년도 겨울 방학에 외벽과 창호 공사를 했습니다. 처음 만난 시공업체의 사장님 태도부터 영 마음에 들지 않았습니다. 고압적이고 건방지다는 느낌을 받았습니다. 겨울 방학 중에 공사를 마쳐야 해서 마음도 급했습니다. 공사는 개학을 하고도 한참을 더 했습니다. 작업자들의 담배, 소변 등도 문제였습니다.

매일같이 승강이를 하면서 공사 진척을 유심히 살펴보았습니다. 외벽을 하면서 땅과 맞닿는 아래쪽의 마무리를 하지 않는 것이었습니다. 그래서 굵은 철사와 가는 옷걸이 철사로 틈새로 확인을 하는 도구를 만들었습니다. 몇 번이고 확인을 해도 거의 대부분 마감 처리가 되지 않습니다.

공사가 마무리될 무렵에 대학 시설팀, 감리, 교대부초 교장과 교감 및 행정실장, 시공업체 소장, 하청 업체 공사 관계자 등 10여 명이 모였습니다. 공사 진척 사항, 최종 기한 등 개략적인 내용이 끝나고 영호가 말문을 열었습니다.

"공사하시느라 노고가 많으십니다. 끝까지 깔끔하게 마무리를 해주시기 바랍니다. 그리고 한 가지 질문하겠습니다. 외벽 공사에서 땅과 맞닿는 부분의 마감 처리가 다 되었는지요?"

"예, 교장 선생님. 다 되었습니다."

현장 소장의 말입니다.

"마감 처리는 끝났습니다."

하청을 받아서 실제 외벽 공사를 한 업자의 말입니다.

"마감 처리를 다 된 것으로 알고 있습니다."

감리의 말입니다.

"제가 확인하기로는 마감 처리가 거의 되지 않은 것으로 알고 있는데요? 정말 마감이 되었습니까?"

모두들 의아하다는 표정을 짓는데, 실제 공사를 한 업자는 눈 하나 깜짝하지 않고 다시 말합니다.

"확실히 다 되었습니다."

"그래요. 그러면 다 같이 나가서 확인을 하시지요. 중앙 현관부터 시작을 하면 좋겠습니다."

모두 함께 중앙 현관으로 나갔습니다. 영호는 교장실에 만들어 둔 확인 도구를 가지고 나갔습니다.

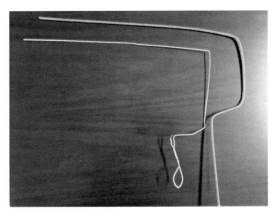

외벽 마감 확인 철사 도구

틈새가 좁은 곳은 옷걸이로 만든 하얀 도구를 넣었습니다. 좌우로 자유롭게 움직입니다. 마감이 되지를 않았습니다. 모두들 고개를 갸웃거립니다. 틈이 넓은 곳은 식물 지주대로 사용하는 굵은 철사로 만든 도구를 넣었습니다. 도구가 들어가는 모든 틈새에 가늘고 굵은 도구를 번갈아 넣었습니다.

한두 군데를 빼고 마감 처리가 전혀 되지를 않았습니다. 마감이 된 곳은 감리가 있을 때 작업을 한 곳입니다. 감리가 며칠에 한 번씩 오니 제대로 확인이 되지 않은 것입니다. 모두들 얼굴 표정이 달라졌습니다.

주말에 바닥과 맞닿은 모든 곳을 뜯고 마감 처리를 했습니다. 모든 곳에서 사진을 찍어서 행정실장에게 보내는 것으로 일이 끝났습니다.

학교 공사를 너무 쉽게 생각하는 것 같습니다.

제발 학교 공사를 지극정성으로 하세요.

우리 아들과 딸이 다니는 학교, 우리 손자와 손녀가 다니는 학교잖아요.

전국 최초 대면 수업 공유

　2022년 4월 13일 수요일에 6학년 국어와 사회 수업을 시작으로 코로나19 이후로 전국에서 최초로 대면 수업 공유를 시작했습니다.

　교대부설초는 대구광역시교육청 지정 대구초등수업나눔센터입니다. 대구초등수업나눔센터는 교육 과정 재구성, 학생주도수업, 프로젝트 수업 등 미래에 유용한 수업이 일상적으로 이루어지는 학교에서 운영하는 센터로서, 개별 및 교원 전문학습공동체의 요청과 선택에 따른 현장 밀착형 수업 공개, 맞춤형 수업 코칭 및 컨설팅을 운영하면서 수업 나눔과 성찰의 기회를 제공하고, 단위 학교 교육 활동을 지원하는 역할을 수행하고 있습니다.

2022.4.13. (수) 대면 수업 공유

　수업 공유는 대면 공유, 실시간 스트리밍 공유, 녹화 동영상 유튜브 공유의 세 가지의 정립(鼎立)으로 이루어지고 있습니다. 대면 공유는 밀집도를 낮추기 위해서 한 교실에 30명까지 참관합니다. 대면 참관을 하지 못하는 신청자는 실시간 스트리밍으로 수업을 참관하면 됩니다. 또 반복 시청을 위해서 녹화 동영상을 유튜브에 탑재하고 있습니다.

이날 오후 2시부터 시작한 국어와 사회 수업에는 각각 30여 명이 대면 참관을 했고, 실시간 스트리밍에 각각 60여 명이 온라인 참관을 했습니다. 대구광역시교육청 교육 전문 직원 4명과 대구교대 신임 교수 3명도 국어와 사회 수업을 대면 참관했습니다.

"프로젝트 내 손으로 내가 만드는 민주주의 안에 공개 수업이 너무 잘 녹아져 있었고 학생들도 구경꾼, 소외자 없이 결석생은 줌으로 실시간 수업에 함께 하고 모둠 협력으로 맞춤형 수업이 진행되었습니다. 질문하는 공부법 하브루타와 친구 가르치기의 배움의 공동체 기반 협력 학습이 잘 이루어졌습니다. 크롬북, 구글 클래스룸, 프로젝트 활동 사진, 화이트보드 등 자신이 하고 싶은 도구를 자유롭게 선택하는 개인별 맞춤형 수업 모습 또한 이해 중심 교육 과정이 제대로 녹여져 있음을 느꼈습니다."

국어 수업을 참관하고 협의회에도 참석한 대구삼덕초등학교 이혜진 수석 교사의 소감입니다.

그리고 2022년 12월 14일 수요일에는 3학년과 6학년의 프로젝트 수업으로 2022학년도 대구초등수업나눔센터의 수업 공유를 모두 마쳤습니다. 3학년의 금쪽같은 우리 가족과 6학년의 세계문화예술박람회 〈Art & Culture〉 프로젝트 수업에는 교원 및 학부모 등 200여 명이 참관했습니다.

교대부초의 대구초등수업나눔센터의 학생 주도 현장 수업 지원은 요청형 지원인 원스톱 학생주도수업 컨설팅 운영과 선택형 지원인 교학상장 상시 수업 공유 운영의 2-Track으로 운영하고 있습니다. 선택형 지원인 교학상장 상시 수업 공유는 2022년 4월 13일에 시작해서 12월 14일 수요일에 마쳤습니다.

2022학년도 대구초등수업나눔센터의 실적으로 컨설팅은 온·오프라인의 개인 및 팀(학교)의 수업 컨설팅 124회, 학교 단위 평가 관련 연수 56회입니다. 상시 수업 공유(대면 수업+실시간 스트리밍+유튜브 영상 탑재)는 총 75회(학반)로 교원, 교육 전문 직원, 학부모 등 대면 참관만 1,500여 명입니다. 대구초등수업나눔센터는 좋은 수업을 위해 함께 가는 길의 디딤돌이자 마중물이란 생각을 합니다.

2022년 12월 14일 6학년 프로젝트 수업을 참관한 논공초 김은진 교사[5]는 "문화·예술 프로젝트 러닝 페어 수업에서 학생 주도로 이루어진 주제 선정, 공간 구성과 발표 방식 등 학생의 자율적 참여가 매우 돋보였다. 학생들은 자신이 탐구한 국가의 문화, 삶의 방식을 친구들과 공유하고 나누는 과정에서 자기의 지식을 한층 성

---

5) 현 대구교육대학교대구부설초등학교 교사.

숙하게 만들어 나가고 있었다."라고 소감을 밝혔습니다.

프로젝트를 진행한 6학년 담임인 황선경[6], 손광수, 장성환 교사는 "학생들이 수수께끼의 정답을 찾아가듯이 학습하는 형태가 아니라, 프로젝트 전반에 걸쳐서 자신들이 선정한 국가의 자연환경과 인문 환경, 문화·예술을 깊이 탐구하여 러닝 페어를 통해 공유하는 형태였다. 자료를 수집하고 분석하는 단계에서 개별·모둠별로 피드백을 제공하고, 성향과 수준에 따라 각기 다른 학습을 해나가는 학생들을 보면서 많은 것을 배울 수 있는 프로젝트였다. 똑같은 배움이 아니라 각자의 배움을 얻어 간 학생들에게 박수를 보낸다."고 했습니다.

한편 2023학년도에는 4월 5일(수)부터 12월 6일(수)까지 13회(일)에 걸쳐 56개 학반 수업 공유를 합니다. 교과 수업 17개 학반, 교대부초 4개 프로젝트 수업 39개 학반입니다. 공유 방법은 대면, 실시간 스트리밍, 녹화 동영상 유튜브 탑재의 세 가지 방법입니다. 자세한 내용은 공유 전에 공문으로 안내를 합니다.

교대부초의 수업은 아주 겸손한 비전인 '대한민국에서 가장 좋은 수업을 하는 학교'의 또 다른 거울이자 그림자입니다.

---

6) 현 대구남덕초등학교 교사.

용광로 수업 이야기

영호는 아이들을 가르칠 때부터 수업한 내용이나 생각한 것을 틈틈이 기록했습니다. 교대부초에 교사로 근무할 때는 개인 홈페이지에 거의 매일같이 교단 일기를 쓰기도 했습니다. 그 흔적을 바탕으로 지금까지 네 권[7]의 졸저를 출판하기도 했습니다.

교대부초에 교감으로 근무를 하면서 모든 선생님들이 함께 집필하는 공동 저서를 발간하고 싶었습니다. 시간이 촉박해서 출판은 못 하고 인쇄소에서 책 형태로 자료집을 내는 것으로 만족했습니다. 교장으로 전입하면서 공동 저서 발간을 공약으로 정했습니다. 선생님들과 소통과 공감의 시간을 가지고 비매품으로 책을 발간하게 되었습니다. 『대한민국에서 가장 좋은 수업을 하는 학교』, 『학생주도수업을 꿈꾸다』, 『학생주도수업을 펼치다』가 지금까지 발간한 공동 저서입니다. 모든 책은 대구교육대학교대구부설초등학교 누리집(홈페이지) 상설 연구 학교, 현장 교육 연구, 출판 도서 자료에서 로그인 없이 볼 수 있습니다.

---

7) 『수업? 너를 기다리는 동안』2014, 북랩, 『수업, 너를 만나 행복해』2016, 북랩, 『수업. 너 나하고 결혼해』2018, 북랩, 『교장 선생님이 수업을 한다고』2020, 북랩.

| 2020학년도 | 2021학년도 | 2022학년도 |

2020학년도에 발간한 공동 저서는 『대한민국에서 가장 좋은 수업을 하는 학교』입니다. 학교의 비전을 책 제목에 그대로 옮겨 왔습니다.

교대부설초 26명의 전교원이 집필했으며, 코로나19로 지금껏 경험하지 못했던 블랜디드 러닝 등의 새로운 수업의 길을 걸어온 내용입니다. '네 가지의 발걸음과 새로운 수업의 길을 가다'로 구성되어 있습니다.

첫 번째 발걸음은 '비전'입니다. 대한민국에서 가장 좋은 수업을 하는 학교는 교대부설초의 비전이자 책 제목입니다. 좋은 수업을 위한 구성원의 겸손, 열정, 실력을 강조하고 있습니다. 아무도 가보지 않은 길을 앞장서서 가면서 미래 교육의 씨앗을 심는 이야기입니다.

두 번째 발걸음은 '출발'입니다. 특수 사명의 하나인 교육 실습의 새로운 도전과 디지털 인프라 구축과 사용자 중심의 학교 공간 설계, 좋은 수업의 디딤돌인 급식 이야기입니다.

세 번째 발걸음은 '만남'입니다. 좋은 수업은 상호 작용이 잘 이루어지는 만남입니다. 1, 2학년 아이들과의 처음 경험하는 만남, 특수반 아이들의 진솔한 이야기, 6학년 졸업반 아이들과의 아쉽지만 놀랍고도 새로운 만남의 이야기입니다.

네 번째 발걸음은 '흔적'입니다. 일 년 동안 유튜브로 공개한 수업 이야기입니다. 새로운 만남을 위한 어려움, 좋은 수업을 위한 고민과 협력, 새로운 길에 대한 자부심 등의 내용을 겸손과 열정으로 담백하게 고백하는 이야기입니다.

'새로운 수업의 길을 가다'는 2020학년도 20회의 공개 수업을 간단하게 설명하고 QR코드를 찍으면 해당 동영상으로 연결이 됩니다. 교대부설초는 대구광역시교육청의 초등 협력 학습 현장지원센터로 20회의 공개 수업의 내용은 비전, 출발, 만남, 흔적의 네 가지 발걸음에 자세하게 녹아 있습니다.

다음은 김민정 선생님의 글입니다.

왠지 위로가 되는 말이다. 그런데 생각해 보면 '그것으로 되었다'로 끝나진 않는 것 같다.

아이들과 생활한 지 22년. 내가 애쓰는 만큼 아이들은 안다. 우리 선생님이 나를 위해 애쓰고 있음을…. 그리고 내가 애쓰는 만큼 아이들도 애쓰게 됨을 나도 안다. 그렇게 서로를 애쓰며 한 해를 보내고 그만큼 서로 성장함을 우리 서로 안다.

늘 그래 왔듯이 올해도 참 열심히 애썼다. 아이들과 학년

말 종업식을 하는 날에는 늘 한 명 한 명을 안아 주며 "애썼어!"라고 말해 주었는데….

올해는….

아쉽다.

마지막 인사도 실시간 쌍방향 온라인으로 해야 하는 거 아닌가 모르겠다.[8]

2021학년도에 공동 집필한 저서는 『학생주도수업을 꿈꾸다』입니다. 교대부설초의 서른두 번째 현장 교육 연구의 결실로 26명의 전 교원이 집필에 참여했습니다. 이 책은 모두 '네 가지의 발걸음과 새로운 수업의 길을 가다'로 되어 있습니다. 코로나19를 극복하는 과정, 오래된 미래, 기초와 기본, 아이들의 탐구, 함께 미래를 꿈꾸는 이야기 등이 있습니다. 이런 과정의 씨줄과 날줄로 새로운 수업의 길을 가는 이야기입니다.

첫 번째 발걸음은 '아이들과 함께'입니다. 내가 아이였을 때의 이야기, 우리 아이들이 귀한 그릇으로 대접받기를 소망하는 이야기, 건강한 밥상을 위한 노심초사의 이야기, 선생님과 아이들의 상호작용 이야기 등이 있습니다. 우리는 언제 어디서나 아이들과 함께하는 내용입니다.

두 번째 발걸음은 '기초와 기본을 배우며'입니다. 기초와 기본을

---

8) 김민정 외 25명(2021). 대한민국에서 가장 좋은 수업을 하는 학교. 서울: 북랩. p.311. *김민정 현 대구영선초등학교 교사.

튼튼하게 다지면서 아이들과 함께 만들어 가는 수업, 배움이 조금 다른 아이의 이야기도 있습니다. 모두 함께 뿌리가 튼튼한 교대부초의 백년대계를 위해 정도를 걷는 이야기입니다.

세 번째 발걸음은 '주도적으로 탐구하고'입니다. 선생님과 아이들이 가장 많이 만나는 것이 수업입니다. 스마트한 수업, 메이커 교육, 메타버스 이야기 등이 있습니다. 선생님과 아이들은 어제와 오늘 내일을 수업에서 만나고 있습니다. 그 만남은 행복이라는 이야기입니다.

네 번째 발걸음은 '미래를 꿈꾸다'입니다. 아이였던 선생님들의 미래는 이 순간 가르치는 미래가 되었습니다. 우리 아이들을 기다려 주고, 믿어 주고, 눈높이를 같이하는 이야기입니다. 아이들이 주도적인 교육 활동을 하면서 미래의 꿈을 키우는 교대부초의 이야기입니다.

'새로운 수업의 길을 가다'는 2021학년도 22회의 공유 수업입니다. QR코드를 찍으면 해당 동영상으로 연결이 됩니다. 2020학년도 및 2021학년도에 50여 회의 수업을 유튜브에 제한된 공유로 30,000여 회의 조회를 기록하고 있습니다. 각각의 수업에 대한 자세한 이야기는 앞의 네 가지 발걸음에 녹아 있습니다.

다음은 박동채 선생님의 글입니다.

제대로 자리를 잡아 뿌리가 깊어진 나무는 하늘을 향해
힘차게 자란다. 나무의 높이만 높아지는 것이 아니라 그 폭도 넓어진다. 나무들은 햇빛을 많이 받기 위해 위쪽으로 가지를 만드는데, 이 가지가 죽으면서 옹이가 박힌다. 이렇게 옹이가 박힌 부분은 더욱 단단히 여물어 간다. 옹이는 자신의 성장을 위한 흔적이자 자신을 단단하게 만드는 과정인 것이다.

배움도 마찬가지다. 배움이 잘 자라는 좋은 자리를 찾아 햇볕(빛), 물, 양분을 주고 배움의 뿌리를 키운다면 조금은 늦어도 언젠가는 그만의 싹을 틔우고 잎을 내밀리라. 서로 다른 나무일지라도 그것은 저마다의 아름다움을 간직하고 있으리라. 때로는 어려움과 고민 속에서 배움의 옹이가 만들어지며 더욱 단단해지리라.

교사의 온실 속에서 길러진 배움의 나무는 넓은 세상에서 힘을 잃을 것이다. 그래서 아이들 저마다 자신의 힘으로 헤쳐 나가는 과정이 필요하다. 아이들이 스스로 배움의 열쇠를 찾고 배움을 만들도록 나는 적절한 순간을 기다리며 최소한의 도움을 건네주었다. 이러한 배움의 시간들이 저마다의 뿌리를 키우고 옹이를 만드는 데 도움이 되었길 바란다.[9]

2022학년도에 공동 집필한 수업 에세이는 『학생주도수업을 펼치

---

9) 박동채 외 25명(2022). 학생주도수업을 꿈꾸다. 서울: 북랩. pp.150~151.

다』입니다. 교대부설초의 서른세 번째 현장 교육 연구의 결실로, 26명의 모든 교원이 집필에 참여했습니다. 이 책은 모두 '세 가지의 날갯짓과 새로운 수업의 길을 가다'로 되어 있습니다. 학생주도수업에 대한 교사의 고민과 철학으로 좋은 수업을 생각하고 찾아가는 길을 솔직담백하게 쓴 이야기입니다.

첫 번째 날갯짓은 '바라보기'입니다. 늘 학생 입장에서 생각하는 교사의 마음, 오래된 미래의 추억을 떠올리며 학생주도수업에 대한 고민을 풀어 놓았습니다. 수업에 대해서 고민하고 일신우일신 하는 교사의 수업 철학 이야기입니다.

두 번째 날갯짓은 '함께하기'입니다. 교사가 빛나기보다는 아이들을 먼저 생각하고 함께하는 교사의 생활이 담겨 있습니다. 교사와 아이들의 협력 아이디어가 효과를 발휘하고 함께 고민한 학교 공간의 멋진 수업에 대한 이야기 등입니다.

세 번째 날갯짓은 '주도적으로 하기'입니다. 교대부초의 환경, 경제·금융, 메이커, 예술의 네 가지 프로젝트 이야기입니다. 6년 동안 4개의 큰 주제에 대한 학생 주도의 프로젝트 수업의 고민과 협력, 성취 등이 담겨 있습니다.

'새로운 수업의 길을 가다'는 2022학년도 23회의 공유 수업으로, QR코드를 찍으면 동영상으로 연결됩니다. 2020학년도부터 70여 회의 수업을 유튜브에 제한된 공유를 하여 40,000여 회의 조회 수를 기록하고 있습니다.

다음은 송래훈 선생님의 글입니다.

2022년을 되돌아보면 지금까지 교직 생활 중 수업에 가장 많은 시간을 쏟은 해로 기억할 것 같다. 수업 전 백지상태라 생각했다. 지도서 한 글자 한 글자를 다시 읽고, 아이들과 이야기를 나누며 학생이 원하는 것이 무엇인지 파악하고, 필요한 자료를 수집하고, 주변 선생님께 조언을 구하는 과정을 통해 교사인 나는 수업 준비를 주도적으로 하고, 수업에서는 학생들이 마음껏 자신을 드러내는 학생주도수업을 위해 노력했던 것 같다.

부족한 선생님이지만 나를 믿고 2학년 3반 교실에서 열심히 공부하고 함께 놀았던 부족함이 없는 24명의 아이들에게 고맙다는 말을 꼭 하고 싶다.

내년에도 앞서 달리는 말의 꼬리를 놓지 않고 용의 꼬리가 되려고 한다.[10]

처음에 글쓰기를 어려워하던 선생님들도 두 번, 세 번 글을 쓰면서 자신감이 생긴 것 같습니다. 교대부초의 공동 저서는 겸손과 열정으로 수업한 것을 녹여 내는 용광로 같은 것입니다. 그 용광로에는 수업 방법적인 것, 수업에 대한 고민과 열정, 우리가 추구할 수업의 방향, 미처 생각하지 못한 것 등 많은 것이 녹아 있습니다.

용광로 수업 이야기는 교대부초의 절차탁마의 역사입니다.

---

10) 송래훈 외 25명(2023). 학생주도수업을 펼치다, 서울: 북랩. p.215.

영호의 갑질

우리 교대부초에 전입을 희망하는 선생님들이 많습니다. 동경과 희망, 시기와 질투가 동반하는 곳이기도 합니다. 학년도가 바뀔 때마다 선생님들이 오고 가는 것이 되풀이됩니다.

전출입은 교대부초에서 대구교대로 공문을 발송하고, 대구교대에서 대구광역시교육청으로 공문을 발송합니다. 대구광역시교육청에서는 대구의 초등학교에 공문을 발송해서 전입 희망자의 서류를 접수합니다. 과목에 따라서는 5대 1의 경쟁률이 넘기도 합니다. 교육청에서는 교과별 3배수를 대구교대로 추천합니다. 대구교대에서는 서류와 면접 점수를 종합해서 전입 교사를 확정하고 시교육청으로 공문을 발송합니다. 교육청에서는 공립 학교 인사 발표와 함께 교대부초 전출입 교사를 발표합니다.

영호는 전입 선생님들의 수업 역량 함양에 관심이 많습니다. 그래서 별도의 과제를 제시합니다. 2021학년도와 2022학년도에 전입한 선생님들은 3차에 걸친 과제를 하고 발표도 했습니다.

2023학년도에 전입한 선생님들은 2022년 2월 6일에 첫 과제를 받았습니다. 교대부초의 공동 저서 3권과 전국국립대학교부설초등학교연합회 워크숍 자료집과 각양각색 자료집, 총 5권의 책자를 읽고 5쪽 이상으로 자신의 생각을 정리하는 것이었습니다. 과제 제시 파일과 작성 파일 두 가지를 안내하고 이메일로 과제를 받았습니다. 기간은 일주일입니다.

다음은 영호가 선생님들께 드린 과제 제시와 예시 파일입니다.

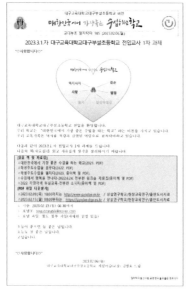

| 1차 과제 파일 | 1파 과제 제출 예시 파일 |

2023년 2월 13일에 2023학년도 학년 및 업무 발표를 했습니다. 전입하시는 여섯 분 선생님들의 소개와 각오를 듣는 시간을 가졌습니다. 그리고 1차 과제를 요약해서 발표를 했습니다.

다음은 책자 5권을 읽고 정리한 내용입니다. 이수진, 전혜린, 김은진, 허윤석, 임재완, 문형로 선생님의 생각입니다.

올해로 교직 경력 20년 차가 넘은 나는 여섯 번째 학교 이동을 앞두게 됐다. 1월 초, 담임을 맡았던 6학년 아이들을 졸업시키고 내게도 한 달 정도의 여유가 주어졌다. 여유로운 시간이 주어지자 내게 붙어 있던 책임감들이 하나둘씩 떨어져 나가면서 온전한 내 모습이 보이기 시작했다. 엄마, 아내, 선생님, 동화 작가라는 호칭들을 달고 사느라 앞만 보기에도 바쁜 시간이었다. 그런데 여유로운 시간이 준 선물은 행복이 아니었다. 오히려 불안한 마음이 스멀스멀 찾아왔다. –중략– 길은 처음부터 길이 아니었다. 한 사람이 걷고, 그다음 사람이 따라 걷고, 또 다음 사람이 걷다 보니 길이 되었다. 이제 나는 교대부초 선배님들이 앞서 걸어간 수업의 길을 따라 걸으려 한다. 대한민국에서 가장 좋은 수업을 하기 위해 고군분투하며 만들어 간 길을 감사히 걸으며 후배들을 위한 좋은 이정표를 만들고 싶다.

많은 선생님들의 글 속에 이미 대구교육대학교대구부설초등학교가 함께 나가야 할 수업의 방향이 녹아 있었다. 가장 큰 화살표는 교장 선생님의 글에서 찾을 수 있었다. '영호네 김장은 가족의 연령 구성을 볼 때 언제까지나 지금과 같은 형태로 지속할 수는 없습니다. 하지만 영호네 김장의 형태는 바뀌더라도 그 정신만은 이어지기를 소망합니다.' 교대부초의 구성원은 매년 변화하지만 대한민국에서 가장 좋은 수업을 하는 학교라는 비전은 교대부초의 구성원이 수없이 변해도 이어질 것이다. -중략- 깊이 있는 탐구로 학생들이 교실 속에서 실제 삶을 살아가는 경험을 한 뒤, 20년 후의 사회를 살아가는 학생들이 주도적으로 수업에 참여할 수 있는 교수·학습을 지향한다면 학생이 몰입하고 역량을 신장하는 수업을 더욱 효과적으로 이루어 낼 수 있을 것이다. 특히, 수업 연구 결과를 많은 선생님들께 나누어 좋은 수업을 위해 함께 가는 길을 지속해서 걷는 것이 우리의 사명이라고 생각한다.

처음부터 수업의 전문가가 되는 사람은 없고 교육 철학과 비전을 가진 수업 전문가가 되기란 더더욱 어렵다. 딛고 올라서는 한 발 한 발의 경험이 내일의 나를 만드니 오늘 일어난 나의 실수에 좌절하지 않는 이유가 여기에 있다. -중략- 학생들이 각자 가지고 있는 고유의 색깔을 최대한 이해하고 그 자체로 존중하겠습니다. 학습의 출발점을 파악하고 학생의 삶과 연계된 학습 주제와 내용 및 평가의 선택권을 주어 학생주도수업이 교실에 뿌리내릴 수 있도록 하겠습니다. 학생들이 자신의 강점과 고유한 색깔이 감춰져 있다면 어떤 이유로 감춰져 있는지 학습 방해 요소를 빨리 파악히어 정서적인 안정을 가지고 학습 동기를 높일 수 있도록 긍정적 피드백을 습관화하겠습니다. 상대방의 말을 존중하며 경청하는 태도를 가지고 자신의 생각을 논리적으로 말하는 민주적인 토의 수업을 이끌겠습니다. 우리가 함께 만든 새로운 산출물이 사회에 도움이 될 수 있음을 알려 실천 경험을 습관화하도록 하겠습니다.

먼저 계신 선배 선생님들에게 교대부초에 대해 하나하나 배워 가며 말씀하신 네 가지 수업 역량을 키워 나가고자 합니다. -중략- 공개 수업과 일반 수업과의 간극, 사실 모든 수업을 공개 수업처럼 준비하기에는 무리가 있다고 생각합니다. 조금 더 힘을 내어 교대부초 5년 동안 모든 일반 수업을 공개 수업처럼 준비를 한다고 하여도, 다시 일반 학교로 전출 간 뒤에도 그렇게 할 수 있느냐는 질문에는 대답하기 어려울 듯합니다. 그렇다면, 공개 수업을 일반 수업처럼 느끼고 준비할 수 있도록 평소에 성취 기준을 기반으로 단원이나 프로젝트를 분석하여 학생들과 교사가 모두 행복해하는 수업(인이불발(引而不發)- 활시위를 당길 뿐 놓지 않는다)의 수업 철학을 통한 교수평기(교육 과정-수업-평가-기록)를 하고자 합니다. 처음에는 많이 부족할 듯합니다. 하지만 말씀하신 것처럼 일신우일신 하며 계속하여 가장 좋은 수업을 하는 교사가 되고자 합니다.

교사는 매일 아침이 처음 걷는 길이다. 학생들과의 매일 다른 일상, 생각지 못한 사건, 다양한 활동들이 펼쳐진다. 교직 경력이 19년이 다 되어 감에도 나의 발걸음은 여전히 서툴다. 초행길을 걷는 사람마냥 긴장과 낯섦에 맞닥뜨리며, 항상 수업자로서 고민을 한다. 교사의 삶이 익숙해질 만도 하지만, 여전히 길을 찾아 최선을 다하며 살아왔고 지금 또한 열심히 주위를 살펴보며 앞을 향해 나아가고 있다. -중략- 공개 수업이나 임상장학 후 공허해지는 느낌…. 다채로운 활성 구성장과 학생 눈높이에 맞는 맞춤형 체육 도구들로 한껏 수업을 했지만, 학생들이 이 수업에서 어떤 체육 지식과 신체 능력 향상이 이루어졌을지 의문이 들기 시작했다. 우리 아이들이 오늘 배운 내용을 어디에 쓸 수 있을까? 아이들이 무언가 하고는 있고, 재미있어 하는데, 학생들이 계획하고 실천하며 성취감을 줄 수 학생이 주인이 되는 수업인가를 고민하게 되었다.

초임지는 경북 예천 풍양초등학교였다. 그곳 사택 앞에 텃밭이 있어서 도시처럼 여러 가지 여가 생활을 선택할 수 없었던 나는 근처 5일장이 열렸을 때 시장에 가서 상추, 고추, 옥수수, 들깨 등의 씨앗을 무턱대고 심어 봤던 경험이 있다. 하루가 지나고 이틀이 지나고 며칠이 지났을까, 싹이 올라오지 않는 것이었다. 조바심이 났던 나는 하루에 몇 차례 물도 주고 씨앗이 싹이 트고 있는지 심었던 땅을 파서 씨앗을 확인해 보기도 하고 다시 땅을 밟아 주기도 하는 등 온갖 노력을 다 해 보았던 것 같다. -중략- 통합반에서 한 구성원으로 지낼 수 있도록 더 나아가 한 사회의 구성원으로 잘 살아갈 수 있도록 자기주도적으로 살아갈 힘을 길러 주는 것이 특수 교사인 나의 사명이자 교대부초에서의 역할이라 다짐하였다. 교사가 학생을 믿어 주고 기다려 주는 것, 화려한 기교와 테크닉이 아닌 수업이라는 본질에 다가가기 위해 끊임없는 열정으로 절차탁마할 것이다.

2차 과제는 임상장학을 마치고 자신의 생각을 2쪽 이상으로 정리하는 것이었습니다. 임상장학은 전공 교과와 협력 교과, 두 교과의 수업을 하는 것입니다. 전공 교과는 3월 7일과 8일, 협력 교과는 3월 14일과 15일에 수업을 마쳤습니다.

다음은 과제에 대한 이수진, 전혜린, 김은진, 허윤석, 임재완, 문형로 선생님의 생각입니다.

전입과 동시에 정신없이 시작됐던 두 번의 공개 수업은 마치 내게 한겨울의 찬물 세례와 같았다. 한마디로 정신이 번쩍 들게 만든 수업이었다. 정신이 번쩍 들었으니 앞으로의 수업은 더욱 잘할 수 있을 것 같다. 아니, 잘해야만 한다. 대한민국에서 최고의 수업을 하는 대구교육대학교대구부설초등학교에 어울리는 교사가 되려면 결국 끝없는 노력이 정답이라는 생각이 든다.

조금 있으면 동료 장학이 다가온다. 첫 타자가 되었다는 생각에 가슴이 뛰기도 하고, 시간이 얼마 남지 않았다는 생각에 두려움도 앞서 오지만 임상장학처럼 깊은 고민과 함께 많은 선생님들과 함께 의논하고 조금 더 성숙한 우리 반 꽃사슴들과 함께한다면 더 나은 나, 더 나은 우리가 될 수 있을 것이라는 믿음을 지니고 또 한걸음을 뗄 것이다. 그리고 한 줄씩 채워 나가는 또 하나의 행복한 기록을 쓸 것이다.

어미 새가 자식에게 먹이를 어떻게든 더 먹이고 싶은 마음이었는지, 수업 내용이 빡빡했다. 토의 내용을 효과적으로 보이기 위해서는 구글 프레젠테이션이나 잼보드를 이용하는 것도 좋지만 크롬북을 꺼내는 순간 서로 자판에 눈을 돌려 글자를 치고 정리하기 바쁘니 토의 과정이라고 해도 서로를 바라보며 공감하고 상호 피드백을 주는 과정을 이끌어 내는 것은 어려웠다. 그래서 앞으로 서로의 눈을 보고 공감과 대화가 이루어지면서도 적절한 순간에 효과적인 방법으로 디지털이 개입되는 다양한 형태의 수업을 만들어 보고 싶다.

학교에 오는 이는 누구나 학교에 대해서 잘 모르고 궁금해할 것인데 특히 우리 학교는 다른 학교에 비해 건물이 많기 때문에 특별실을 찾아가는 것이 쉽지 않아 보였기 때문이었습니다. 초등학교 1학년에게는 이런 것들이 모두 신기하고 비밀스럽게 보이게 되며 이렇게 학교에 대해 하나하나 알아가는 것을 포함하여 새롭게 사귀게 되는 친구, 선생님과 함께 학교생활에 적응하는 것이 바로 학교의 비밀을 푸는 것이므로 이를 합쳐 프로젝트 주제로 선정하고 3월 첫 수업부터 함께 학교의 비밀을 풀어 가도록 계획을 세우게 되었습니다.

"처음부터 완벽하게 이루어지는 인생은 없습니다. 인생에 완성이 있다면 하루하루 열심히 살아가는 것 자체가 완성입니다. 인생은 성장하는 데에 있습니다." 어느 홍콩의 유명한 영화감독의 말이다. 내가 처음부터 완벽하게 이루어지는 수업을 할 수 없었지만, 대한민국에서 가장 좋은 수업을 하는 학교에 어울리는 교사가 되기 위해서 하루하루 성찰하고 노력하면 성장하는 수업, 성장하는 내가 되지 않을까 생각해 본다.

자신을 마음으로 인정해 주는 교사가 될 수 있게 노력해 갈 것이고, 통합 학급에서 늘 실패에 대한 기대에 익숙해진 학생들의 눈빛은 특수 학급의 개별화 수업을 거듭하면서 점점 부드러워질 것이며, 자신의 생각과 느낌을 표현하는 빈도는 늘어 갈 수 있도록 할 것이다. 학생주도수업의 가치는 교사의 마음에 들고 교사가 주인공이 아닌 학생이 주인공이 되는, 바로 이런 것이라고 생각한다.

3차 과제는 11월 중순까지 제출하는 우리 학교의 현장 교육 연구인 출판 도서 『우리는 오늘도 좋은 수업의 길을 간다』(가제)에 실을 글입니다.

그사이에 우리 선생님들은 수많은 수업, 특히 공개 수업을 경험하게 됩니다. 대구초등수업나눔센터 공유 수업, 교육 실습 수업, 수시로 우리 학교를 방문하는 분들을 대상으로 하는 수업 등입니다. 우리 선생님들을 잘하시리라 믿습니다.

이런 과제는 달리 생각하면 영호의 갑질이 될 수도 있습니다. 공립 학교에서 이렇게 했다가는 어떤 일이 발생할지 알 수가 없습니다. 하지만 영호가 이렇게 하는 데는 그만한 이유가 있습니다.

우리 학교는 수업 공유가 일상화된 학교입니다. 언제라도 누구라도 우리의 수업을 자유롭게 참관할 수 있는 준비가 되어야 합니다. 그리고 전입하시는 선생님들도 이미 수업발표대회라는 검증의 무대를 통과했습니다.

2023년 3월 21일 임상 장학 협의회를 했습니다. 수업하신 여섯 분 선생님, 교무부장, 연구부장, 전입 연차별 다섯 분, 교감, 교장, 모두 16명입니다. 자유롭게 자신의 경험을 이야기하고 격려하는 자리였습니다. 영호가 말한 내용입니다.

"여섯 분의 선생님들께 감사를 드립니다. 1차 과제를 아주 훌륭하게 마무리하심에 축하를 드립니다. 2차 과제는 선생님 개인 또는 과별로 협의를 하고, 협력 교과 선생님들과도 협의를 거쳤을 것입니다. 아이들을 만난 지 4일과 5일 만에 전공 교과 수업을 했습니다. 일반적인 상식으로는 있을 수 없는 일입니다. 하지만 우리는 대한민국에서 가장 좋은 수업을 하는 학교의 비전을 가진 대구교육대학교대구부설초등학교입니다. 이렇게 하는 것이 선생님들의 수업 역량에 걸맞은 대접이라는 생각입니다. 선생님들이 우리 학교에 계시는 동안 원도 한도 없이 수업을 해 보십시오. 자기 소신껏 수업을 하십시오. 자신에 대해서 겸손하고 수업에 대해서 겸손하며 열정과 열정을 더해서 일신우일신 하는 나날이기를 소망합니다. 우리 선생님들과 함께하겠습니다. 우리 선생님들을 응원합니다. 우리 선생님들을 사랑합니다. 화양연화, 오늘도 참 좋은 날입니다."

임상 장학 협의회

이제 영호의 갑질도 얼마 남지 않았습니다.

영호가 사랑한 국어

영호는 국어 교과로 교대부초에 전입해서 6년 동안 교사로 근무했습니다. 국어 수업을 가장 많이 공개를 하고, 사회, 음악, 미술 수업도 공개를 했습니다.

교대부초에 전입하기 전에 국어과 수업발표대회에서 1등급을 받고, 국어과 연구 교사도 되었습니다. 국어를 선택하게 된 것은 개인적인 취향도 있었지만, 김천고등학교의 전장억 선생님, 대구교육대학교의 김문웅 교수님, 한국교원대학교의 신헌재 교수님의 영향이 컸습니다.

초등학교 현장에서는 학교에 따라서 다양한 형태의 국어 시간이 운영되고 있습니다. 국어 교과서와 국어 교사용 지도서의 차례에 따라서 운영되는 학교나 학급도 많습니다. 그리고 교육 과정을 재구성해서 다른 교과와 프로젝트로 운영되기도 합니다.

흔히들 교과서는 성전이 아니라고 합니다. 정확한 지적입니다. 교과서는 교육 과정을 운영하는 훌륭한 자료 중의 하나입니다. 하지만 그 어떤 자료 중에서도 현행 국어 교과용 도서만큼 교육 과정의 성취 기준에 충실한 자료는 없습니다.

2022년 대구광역시교육청 초등국어과연구회 모임에서 발표를 위해서 국어과 교과용 도서에 대한 설문 조사를 했습니다.

국어 교과서는 선택형 24문항과 서술형 3문항으로, 모두 27문항입니다. 6번은 담임만, 12번에서 14번까지는 3학년에서 6학년 담임만 응답을 하는 문항입니다. 18번에서 20번까지는 5학년과 6학년 담임이 응답을 하고, 24번은 담임만 응답을 하는 문항입니다. 그 외의 문항은 모든 대상자가 응답하는 문항입니다.

국어 활동 교과서는 선택형 8문항과 서술형 1문항으로, 모두 9문항입니다. 8번과 9번 문항은 모든 대상자가 응답하고, 1번에서 7번까지의 문항은 1학년에서 4학년까지의 담임만 응답을 하는 문항입니다.

국어 교사용 지도서는 선택형 13문항과 서술형 1문항으로, 모두 14문항입니다. 6번에서 9번까지와 11번, 13번은 담임만 응답을 하는 문항입니다. 그 외의 문항은 모든 대상자가 응답하는 문항입니다.

전자 저작물은 선택형 5문항과 서술형 1문항으로, 모두 6문항입니다. 1번에서 3번까지는 담임만 응답을 하는 문항이고, 4번과 5번은 5학년과 6학년 담임이 응답하고, 6번의 서술형 문항은 모든 대상자가 응답하는 문항입니다.

매체 영역 설문은 선택형 4문항과 서술형 1문항으로, 모두 6문항입니다. 모든 문항이 모든 대상자가 응답하는 문항으로 구성되어 있습니다.

종합하면 선택형 54문항과 서술형 7문항으로, 모두 61문항입니다. 61문항 중에 담임이나 특정 학년 등 대상자가 지정된 문항이 26문항이고, 35문항이 모든 대상자가 응답하는 문항입니다. 선택형에서는 대상자가 지정된 문항이 23문항이고, 모든 대상자가 응답하는 문항이 31문항입니다. 서술형에서는 독서와 연극의 서술형이 대상자가 지정되어 있고, 나머지 5문항은 모든 대상자가 응답하는 문항입니다.

국어 교과용 도서 설문에는 각 영역의 설문을 시작하기 전에 설문에서 확인해야 할 내용과 설문에 대한 자세한 참고 자료를 제시했습니다.

설문 대상은 초등학교 교원 및 초등 교육 전문 직원으로 정했습니다. 지역은 대구와 서울, 부산, 경북, 경남 전국이지만, 설문 대상에 지역은 넣지 않았습니다.

설문은 구글에 탑재해서 손쉽게 응답할 수 있도록 했습니다. 응답 기간은 2022년 10월 13일부터 2022년 10월 27일까지입니다. 안내만 하고 독촉은 하지 않았습니다.

대구 지역은 대구광역시교육청 통합 메신저를 통해서 약 3,500명에게 설문지 응답을 위한 안내를 했습니다. 전국의 16개 국립 학교와 공립 초등학교에는 SNS(문자, 카톡 등)로 약 1,000여 명에게 설문지를 발송했습니다. 4,500여 명에게 설문지를 발송해서 최종 응답은 825명으로, 약 18%의 응답률을 보였습니다.

2022년 12월 7일 수요일에 대구교육대학교대구부설초등학교에서 대구광역시교육청 초등국어과연구회 회원을 대상으로 설문 결과를 발표했습니다. 여기서는 자세한 수치는 제외하고 제언한 부분만 싣습니다.

2022 개정 초등학교 국어과 교육 과정에서는 기존의 영역에 매체 영역이 추가되었습니다. 그리고 지금까지 국정 교과서 발행 체제도 그대로 유지가 됩니다. 다른 교과의 검정 교과서보다 학년군으로 체계성을 유지하고 학습의 일관성을 유지할 수 있는 점은 국어과의 위상을 말해 줍니다.

국어 교과서에 대한 제언입니다.

첫째, 교과서의 크기와 무게는 현행대로 하되, 가능하면 무게는

학교 가는 길 집으로 가는 길

조금 줄이는 방향으로 하면 좋겠습니다. 따라서 학기별로 두 권으로 분권을 한 것은 계속 유지가 되이아겠습니다.

둘째, 학습량의 감축입니다. 현행 교과서도 기존의 교과서 학습량보다 5% 감축을 했다고 하지만, 현장에서 피부로 느끼는 학습량은 여전히 많습니다. 따라서 내용의 정선 등으로 학습량을 감축하는 게 바람직합니다. 특히 1학년부터 4학년까지는 국어 활동 교과서가 있기 때문에 학습량의 부담을 많이 체감하고 있습니다.

셋째, 1~2학년군의 교과서에서 한글 책임 교육이 이루어질 수 있도록 체계적인 정비가 필요합니다. 현행 교과서가 기존의 교과서에 비해서 한글 교육의 비중이 높습니다. 하지만 코로나19 등의 영향으로 한글 교육의 중요성이 더해지고 있습니다.

그리고 글쓰기 교육, 문법 교육, 시대상의 반영한 텍스트 등의 의견도 반영해서 현행 교과서보다 흥미 있고 유익한 국어 교과서가 발간되길 기대합니다.

국어 활동 교과서에 대한 제언입니다.

국어 활동 교과서는 국어 교과서에서 다 할 수 없는 내용과 활동이 담겨 있습니다. 국어 활동 교과서는 유지와 폐지의 두 가지 관점에서 제언합니다.

첫째, 국어 활동 교과서를 계속 유지하자는 것입니다. 국어 활동 교과서의 구성이 매우 만족스럽고 국어 교육을 더 풍성하게 하는 것이라는 측면에서 반영하면 좋겠습니다.

둘째, 국어 활동 교과서를 반면에 폐지하자는 것입니다. 국어 활동 교과서까지 하면 차시 운영이 어렵고, 보충 자료라고 하지만 오히려 학생들이나 교사들에게 부담을 준다는 것입니다. 폐지하고 국어 교과서와 통합하자는 의견입니다.

셋째, 국어 수업을 더 풍성하게 하면서도 학생들이나 교사들에게 부담이 없는 국어 활동 교과서의 접점을 찾아야겠습니다.

국어 교사용 지도서에 대한 제언입니다.

국어 교사용 지도서는 교사들이 국어 수업을 하는 데 많은 도움을 주고 있습니다. 다음의 두 가지의 제안을 합니다.

첫째, 외형적인 무게를 줄일 필요가 있습니다. 일반 서적에 비해 크기도 크지만 너무 무겁습니다. 휴대성이 좋도록 내용을 정선해서 무게를 줄이거나, 이것이 어렵다면 국어 교과서와 같이 한 학기에 두 권으로 분권을 하는 것도 고려해 볼 만합니다.

둘째, 내용을 정선해서 쉽게 볼 수 있도록 하거나, 내용을 더 확대하면 분권으로 제작을 하는 것도 제언합니다. 그리고 분량이 많으니 글씨 크기가 너무 작아서 교과서와 지도서를 같이 보는 교사의 입장에서는 어려움이 있습니다.

전자 저작물에 대한 제언입니다.

전자 저작물은 접근성과 다양성의 문제의 두 가지로 제언합니다.

첫째, 접근성을 좋게 하는 것입니다. 현재와 같이 USB 형태가 아니라 클라우드나 유튜브 등의 형태로 쉽게 접근할 수 있는 방안을 마련할 것을 제언합니다.

둘째, 전자 저작물의 내용과 다양성입니다. 내용이 좋은 저작물은 흥미를 동반할 수 있습니다. 접근성이 조금 떨어지더라도 내용과 다양성에서 앞서면 충분히 경쟁력이 있습니다. 전자 저작물이 접근성도 좋고 내용과 다양성도 우수한 것으로 제작되길 제언합니다.

매체 영역 신설에 대한 제언입니다.

매체 영역의 신설은 기술 발전과 시대의 흐름, 학생들의 매체 접근성, 변화하는 사회상을 반영할 때 국어과에서 매체 영역의 신설은 꼭 필요합니다. 학생들이 지역이나 학교에 따라서 많이 차이를 보이는 게 현실입니다. 이런 관점을 반영하고, 학년군 성취 기준에 맞는 국어 교과서가 제작되길 제언합니다.

국어 교과서, 국어 활동 교과서, 국어 교사용 지도서, 전자 저작물, 매체의 종합적인 제언입니다.

앞의 설문에서 국어 교과서, 국어 활동 교과서, 국어 교사용 지도서, 전자 저작물, 매체의 다섯 가지 영역의 선택형 54문항 응답의 평균이 매우 그렇다가 25.4%, 그렇다가 38.8%, 보통이다가 21.2%, 그렇지 않다가 11.2%, 매우 그렇지 않다가 3.4%입니다. 매우 그렇다와 그렇다의 긍정은 64.2%, 보통이다가 21.2%, 그렇지 않다와 매우 그렇지 않다의 부정이 14.6%입니다.

보통 이상의 응답 비율이 85% 이상입니다. 이것은 현행 국어 교과용 도서와 매체 영역의 신설에 시사하는 바가 큽니다. 국정 교과서인 현행 국어 교과용 도서가 학교 현장에서 긍정적인 평가를 받고 있다고 볼 수 있습니다.

하지만 앞으로의 사회는 지금의 사회보다 더 변화무쌍할 것입니다. 국어과 교육 과정과 국어 교과용 도서가 시대에 흐름에 뒤처지지 않아야겠습니다. 2022 개정 국어과 교과용 도서는 현행 교과용 도서의 장단점을 잘 활용하고, 새롭게 도입되는 매체 영역의 내용도 잘 녹여서 더 나은 국어 교과용 도서가 발간되기를 기대합니다. 그래서 국어가 국정 교과서의 위상을 높이고 국정 교과서의 체계를 계속 유지하기를 바랍니다.

영호의 마지막 수업

"교장 선생님과 수업하면서 나의 용기 점수가 몇 점인지 알아보았다. 용기가 예전에 비해서 많이 올랐지만, 앞으로 용기 있게 생활하기 위해서 용기 점수를 더 올려야 할 것 같다. 그리고 매일 아침마다 교문에서 인사해 주셔서 감사합니다. '용기와 두려움은 한 이불을 덮고 잔다.'라는 말이 가장 인상 깊었어요. 사랑합니다."

"나의 행복 지수를 알게 되었고, 행복은 남이 아닌 나에게서 나온다는 것을 느꼈다. 요즘 바빠서 나를 돌아보지 못했는데, 이번 수업을 계기로 나 자신을 더 자세히 알아볼 수 있었던 것 같다."

"앞으로 칭찬을 더 많이 해야겠다. 교장 선생님 수업으로 칭찬이라는 단어를 더욱 뜻깊게 생각하게 되었다."

"교장 선생님과 수업을 할 때마다 자존감이 높아진 것 같아 너무 좋아요! 자신을 사랑할 수 있게 도와주셔서 감사해요."

"교장 선생님과 하는 마지막 수업이어서 아쉽다. 졸업 전에 교장 선생님과 함께 수업을 한 번 더 하고 싶다. 이번 수업을 하면서 나와 내 주변 사람들을 사랑하고 아끼는 마음이 더 커진 것 같다."

"역지사지란 남의 입장을 이해하고 공감하는 것이다. '내가 만일 ~라면' 활동을 했는데, 앞으로도 '만일 ~라면'을 자주 생각해야겠다."

"역지사지의 뜻을 익혔으며, '내가 만일 ~라면'을 통하여 상대에게 바라는 점을 적기도 하고 친구들의 발표도 들어 보았다."

"교장 선생님이 쓴 신문 기사를 읽고 핵심 낱말을 찾고, 고마운 사람을 정해서 감사한 마음을 표현했다. 고마운 사람에게 편지를 쓰니 그동안 못해 준 게 생각나서 감사한 마음을 전하고 싶은 뜻 깊은 수업이었다."

3년 동안 영호와 수업한 아이들의 소감입니다.

학년도마다 모든 학반에서 4시간씩 모두 72시간의 수업을 하는 것은 영호의 교대부초 교장 전입 공약이기도 합니다. 교장이 수업을 한다는 것에 물음표가 붙을 수도 있고, 느낌표나 말줄임표가 붙을 수도 있습니다. 영호가 우리 교대부초의 선생님들보다 수업을 잘해서 하는 것도 아니고, 보여 주기 위한 자기 과시용도 아닙니다.

영호는 수업을 하면서 우리 교대부초 아이들을 더 잘 이해할 수 있었습니다. 선생님의 수업에 대한 노고도 함께 알게 되었습니다. 수업하기 전에 연구부장 선생님, 해당 학년 선생님들과 학생 한 명한 명에 대한 사전 협의를 했습니다. 관심이 필요한 아이, 이런저런 이유로 공부가 힘든 아이 등에 대한 이해와 수업 진행에 대한 알찬 협의 시간입니다.

학교 가는 길 집으로 가는 길

2020학년도에 한 '코로나19를 이기자'는 코로나 예방과 극복을 위해 노력한 모든 사람들(의료진, 부모님, 선생님 등)에게 감사의 마음을 표현하는 데 중점을 두고 진행한 수업이었습니다.

2021학년도에는 용행칭사(용기+행복+칭찬+사랑)의 주제로 모든 학반에서 4시간씩 72시간의 수업을 했습니다.

2022학년도에는 모든 학반에서 4시간씩 72시간의 수업을 했습니다. 배움 문제(수업 주제)는 역사정감(역지사지+감사+열정+책임감)입니다. 주제는 이전에 수업한 주제를 제외하고 학교경영평가 학부모 및 교원 설문에서 정했습니다.

큐알 코드를 찍으면 바로 수업 동영상으로 연결이 됩니다.

2023학년도에는 4월 4일 화요일부터 시작해서 7월 18일 화요일에 마칩니다. 일주일에 화요일과 목요일에 각각 한 학년에서 3시간씩 6시간의 수업입니다. 총 72시간입니다.

배움 문제(수업 주제)는 예존겸기(예의+존중+겸손+끈기)입니다. 주제는 2022학년도와 마찬가지로 이전에 수업한 주제를 제외하고 학교경영평가 학부모 및 교원 설문에서 정했습니다.

"교장 선생님 덕분에 휘파람에 대해서 자신감이 좀 붙었습니다. 사랑합니다."

"교장 선생님. 지금까지 한 수업이 너무 재미있었어요. 근데 2학기부터 안 오신다니…. 너무 아쉽네요. 4학년부터 지금까지 수업 열심히 해 주셔서 감사하고 교장 선생님이 안 오신다고 해도 열심히 공부할게요. 감사합니다. 사랑합니다."

"교장 선생님과 함께하는 수업은 정말로 즐거웠고, 또한 저희 어머니도 즐거워하셨습니다. 마지막 수업이 아쉽지만 열심히 하겠습니다."

"교장 선생님과 수업을 하면서 우정, 사랑 같은 것을 많이 배웠는데, 벌써 가신다니 슬프네요. 교장 선생님이 가시더라도 우리 학교에 한 번씩 놀러 오세요. 그리고 중창단을 좋아해 주셔서 고맙습니다."

2023년 4월 4일 화요일에 예의를 주제로 수업한 6학년 학생들의 소감입니다. '영호의 마지막 수업을 준비하면서'를 읽을거리로 제시하고 오늘의 수업 주제와 남은 세 번의 주제를 찾았습니다. 읽을거리에 마지막이라는 낱말이 나오니 6학년은 금방 눈치를 챕니다.

국어사전에서 낱말 찾기, '영호의 마지막 수업을 준비하면서' 제재 글 읽기, 배움 문제(주제) 찾기, 공부 시간에 지켜야 할 예의 쓰고 발표하기, 배움터에 정리하기 등을 했습니다. 그리고 크롬북으로 학습지와 배움터 사진을 찍어서 구글 클래스룸에 올려서 함께 볼 수 있게 했습니다. 구글 아이디와 비밀번호만 알고 있으면 30년 뒤나 40년 뒤에도 오늘의 공부한 장면을 확인할 수 있습니다.

어느 반에서는 휘파람을 잘 부는 친구가 있어서 공부를 시작하기 전에 휘파람으로 교가를 부르는 것을 감상하고 후렴구는 함께 노래를 불렀습니다. 소감에서 휘파람에 자신감을 가졌다는 학생입니다. 교문에서 만날 때마다 휘파람을 불게 했습니다. 애국가를 아주 잘 부르고 어른들이 좋아하는 대중가요도 아주 능숙하게 부릅니다. 이번 4월의 꽃사슴 버스킹에 꼭 출연을 하라는 당부도 했습니다.

마스크 벗고

배움터 정리

시작할까요

세 반 모든 학생들의 이름을 부르고, 잠시 마스크를 내려서 얼굴

학교 가는 길 집으로 가는 길

을 보는 시간도 가졌습니다. 3년 동안 마스크에 익숙해져서 그런지 주저주저하기도 합니다. 30초 정도 마스크를 내리고 서로 웃는 모습을 보는 시간, 참 오랜만이고 우리가 돌아가야 할 일상이라는 생각이 들었습니다.

영호의 마지막 수업입니다.
영호에게 학교 가는 길의 마침표이자 종착역입니다.
하지만 자연인인 영호에게 새로운 학교 가는 길인 집으로 가는 길이 될 것이란 믿음이 있습니다.

집으로 가는 길

아침 먹었어요

저만치서 또 한 아이가 옵니다. 육칠 미터 앞까지 오기를 기다립니다.

"사랑합니다."

영호는 두 손을 머리 위로 올려서 하트 모양을 만들면서 큰 소리로 말합니다.

"사랑합니다."

아이도 머리 위에 손을 올리며 답을 합니다. 하지만 왠지 힘이 없어 보이고 얼굴색도 그리 밝지가 않습니다.

"아침 먹었어요?"

무릎을 구부려서 아이와 눈높이를 같게 한 후 물었습니다.

"못 먹었어요."

"왜?"

"엄마가 안 해 줬어요."

"엄마가 왜?"

"피곤하대요."

"……"

울컥해서 잠시 말을 하지 못했습니다. 배고프지 않느냐고 물을

까 하다가 그만두었습니다. 당연히 배고픈 아이에게 배고프지 않느냐고 묻는 것은 아이에 대한 도리가 아니라는 생각이 들었습니다.

"……. 그래, 공부 잘하고 점심도 맛있게 많이 먹어라."

"예."

남자아이입니다. 사회적 거리 두기 표시로 준비한 화분을 따라 학교로 들어가는 뒷모습이 안쓰럽습니다.

아침 등굣길에 아이들을 만나면 여러 가지를 물어봅니다.

"사랑합니다."

"아침 먹었어요."

"공부 잘하고 점심 맛있게 많이 먹어요."

"고개 들고 파이팅."

등입니다.

대부분의 아이들에게 "사랑합니다."라는 인사말을 하고, "아침 먹었어요?"라고 묻습니다. 등굣길에 오르는 아이들이 뜸할 때는 꼬치꼬치 몇 가지를 물어보기도 합니다.

아침을 먹은 아이들은 대답이 빠르고 묻지 않는 것을 말하기도 합니다.

"예."

"예, 먹었어요."

"미역국하고 먹었어요."

"우유하고 빵 먹었어요."

등입니다.

힘도 있어 보입니다.

아침을 먹지 않은 아이들은 대답을 하지 않거나, 뜸을 들이다가 말합니다. 목소리도 작습니다.

"……."

"……. 안 먹었어요."

"늦게 일어나서 못 먹었어요."

"밥이 없어서 못 먹었어요."

"원래 아침 안 먹어요."

등입니다.

코로나19가 한창 기승을 부리던 2020년 대구교동초등학교 교문 앞 풍경입니다.

아침을 못 먹었다는 아이의 말을 듣고, 영호는 제일 좋아하는 시래깃국이 생각났습니다. 선고(先考)께서는 영호가 5학년 때 지게를 만들어 주셨습니다. 겨울 방학이면 아침에 시래깃국 한 그릇을 먹고 오전에 나무를 한 짐 했습니다. 점심도 시래깃국입니다. 그 힘으로 오후에도 나무를 한 짐을 하곤 했습니다. 시래깃국 국물을 어느 정도 먹은 다음에 밥과 고추장을 넣고 비벼서 게 눈 감추듯 먹는 게 일상이었습니다. 지금도 아침은 밥과 시래깃국의 일식일찬입니다.

코로나19로 모두가 힘든 나날을 보내고 있습니다. 아침은 하루의 시작입니다. 우리 아이들이 든든한 아침밥을 먹고 안전하고 행복하며 즐거운 하루를 보내기를 소망합니다.

교대부초로 학교를 옮기고도 아침에 교문에서 아이들을 맞이합니다. 인사와 함께 아침을 먹었는지를 물어봅니다.

"아침 먹었습니까?"

"예, 먹었습니다."

"뭐 먹었습니까?"

"빵 먹었습니다."

"몇 개 먹었습니까?"

"한 개 먹었습니다."

어떤 날은 많은 아이들과 함께 다음과 같은 대화가 오갑니다.

"아침 먹었습니까?"

"예, 먹었습니다."

"점심도 먹었습니까?"

"예, 먹었습니다. 아니, 아직 먹지 않았습니다."

그러면서 한바탕 웃고는 교문을 들어섭니다.

"여러분은 제때 식사를 하십니까?"

"제때 식사를 하는 것은 사랑입니다."

교장실에만 계시지

"교장 선생님, 안 더우니껴?"

"예, 저도 더운데요."

"더운데 뭐 할라꼬 돌아다니는교. 교장실에만 가만히 계시지."

"교장도 좀 다녀야지요. 시설도 보고 아이들도 보고."

"교장 선생님이 이건데(엄지 척을 하시면서) 가만 계시도 되잖는교."

"어르신, 요즘은 교장이 이게(엄지 척) 아니고 머슴이라요."

"교장 선생님이 머심(머슴)은 무슨 머심(머슴)이라요."

"아니에요. 머슴 중에서도 상머슴입니다."

장마가 시작되기 전인 유월의 어느 날 아침에 대구교동초등학교의 등굣길 아이 맞이를 마치고 북구청에서 지원하는 시니어 봉사단 어르신과 주고받은 내용입니다. 잡초 제거, 화단 관리, 빗자루질 등을 하시는 분들입니다. 지난해에도 하신 분이라 낯이 익습니다. 저를 걱정해서 해 주신 말입니다. 참 고마운 일입니다.

유월에 학년군별, 직군별로 소통과 공감의 날을 여섯 번 했습니다. 교직원 두어 분이 어르신과 같은 말씀을 주셨습니다. 교장 선생님은 너무 부지런해서 탈이라고 합니다. 너무 많이 돌아다닌다는 의미도 있습니다. 제발 건강 생각하라는 말씀을 덧붙입니다. 고마운 일입니다.

영호는 이런 납을 느꼈습니다.

"제가 하는 일에 너무 걱정을 하지 않으셔도 됩니다. 제 마음이 가고, 제 몸이 따라 주기 때문에 합니다. 혹 교장이 잘 보이지 않거든 '어디 탈이 났는가 보다'라고 생각하시면 됩니다."

웃으면서 말했지만 영호의 진심입니다.

마지막 소통·공감의 시간을 마칠 무렵에 선생님 한 분이 이런 질문을 주셨습니다.

"교장 선생님은 이런저런 고민이 많으실 텐데 전혀 내색을 하지 않으시는 걸 보면 힘들겠구나 하는 생각을 합니다. 교장 선생님 하실 말씀은……"

영호는 이렇게 답을 했습니다.

"화가 날 때도 있고, 답답할 때도 있습니다. 초임 교사 시절의 성질이면 참기 어려운 일도 많습니다. 하지만 상대방의 입장에서 생각을 해 보면 그리 화를 낼 일도 아닙니다. 민주주의는 말과 글로 문제를 해결합니다. 그러니 시간도 오래 걸리고 시끄러운 것은 당연한 일입니다. 그런 과정을 거치면 어떤 어려운 일이 닥쳐도 당황하지 않고 해결할 수 있습니다. 권위적인 지시에 의한 일사불란과 자발적인 일사불란은 천양지차입니다. 일이 일을 하지는 않습니다. 어떤 일이나 사람이 합니다. 어느 조직이나 사람의 마음을 얻는 게 제일 중요하다고 생각합니다. 사람의 마음을 얻는 방법은 다양하겠지요. 모든 일을 내 입장에서만 생각해서는 소통과 공감이 될 수가 없습니다. ……"

초중등교육법 제20조에 "교장은 교무를 통할(統轄)하고, 소속 교직원을 지도·감독하며, 학생을 교육한다."라는 교장의 임무가 있습니다. 통할은 모두 거느려 다스림이라는 뜻입니다. 교장이 통할, 지도, 감독을 사전적인 의미로만 한정하고 권한을 행사한다면 교직원과 많은 갈등이 생기는 것은 명약관화입니다.

그래서 영호는 제20조를 다음과 같이 생각하고 실천하려고 노력합니다. "교장은 교무를 잘 이해하며, 소속 교직원과 소통·공감하면서, 학생을 교육한다." 교장의 역할은 교육법의 문구가 중요한 게 아니라 어떤 교육 철학(수업 철학)을 정립하고 실천하느냐의 문제입니다.

교육의 답은 학교에 있습니다. 학교에서도 교장실이 아니라 아이들이 있는 교실입니다. 그래서 교장실은 교실과 같은 역할도 필요합니다. 그리고 정기적이면 좋겠지만 가끔씩이라도 아이들과 직접 수업을 하는 것도 필요합니다. 이제 등굣길 아이 맞이를 위해 교장실을 나설 시간입니다.

빗자루 값이 너무 많이 들어요

"교감 선생님, 빗자루 값이 너무 많이 들어요."

"실장님, 빗자루 살 돈도 없는데 대충 할까요?"

"그건 아니고, 너무 무리하시는 것 같아서 드리는 말씀입니다."

"아, 그래요. 더 열심히 쓸게요."

2010년대 중반에 교대부초에서 교감으로 근무할 때 행정실장님과 주고받은 이야기입니다.

영호는 초등학교에 입학하기 전부터 비질을 했습니다. 마당을 쓰는 게 맡은 역할이었습니다. 싸리나무 빗자루와 대나무 빗자루를 번갈아 사용했습니다. 초등학교 고학년이 되어서는 비질을 할 일이 많아졌습니다. 대신초등학교의 운동장 가장자리에 늘어선 느티나무의 낙엽을 쓰는 일 외에 가을걷이 후에 벼 타작을 할 때도 비질을 했습니다.

영호가 경험한 가장 어려운 비질은 벼타작을 할 때입니다. 당시의 벼타작은 탈곡기로 했습니다. 발판을 발로 밟아서 원통형의 탈곡기를 돌리면서 볏단의 벼 알갱이를 훑어 냅니다. 탈곡기 앞에는 벼 알갱이와 볏짚 부서진 지푸라기가 함께 뒤섞여서 떨어집니다.

갈퀴로 벼 알갱이와 지푸라기가 뒤섞인 것을 끌어내서 넓게 폅니다. 허리를 최대한 굽혀서 왕대나무 빗자루를 수평으로 해서 지푸라기 쓸어 냅니다. 지푸라기만 쓸리도록 비질의 강도도 적절하게 해야 합니다. 이 과정이 어설프면 다음 과정인 풍구질을 하는 데 더 많은 힘이 듭니다.

1993학년도에 대구경운초등학교 5학년 6반을 담임할 때는 교문 주변의 나무가 많은 곳이 청소 구역이었습니다. 가을부터 봄이 될 때까지 하루에 두 번씩 낙엽을 쓸었습니다. 남자아이들이 서로 청소를 하려고 경쟁을 했습니다. 청소를 마치고 먹는 라면이나 어묵 때문입니다. 아침에 청소를 하기 전에 미리 학교 앞 분식집에 라면을 주문해 놓았습니다. 비질을 마치고 1교시 공부 시간에 늦지 않으려고 아이들과 함께 허겁지겁 라면을 먹던 때가 엊그제 같습니다.

2013년 9월 1일부터 대구태현초등학교 교감으로 근무하면서 매일 교문 주변을 쓸었습니다. 낙엽이 문제가 아니라 담배꽁초가 너무 많아서 아이들 보기에 민망했습니다. 깨진 유리창 법칙에서 보듯이 더러운 곳은 점점 더 더러워집니다. 2014년 9월 1일부터 대구교육대학교대구부설초등학교 교감으로 근무를 하면서도 매일같이 교문 주변 비질을 하고 아이들을 맞이했습니다.

2019년 3월 1일부터 대구교동초등학교 교장으로 근무할 때도 비질을 했습니다. 아침 8시 전후로 빗자루를 들고 교문으로 나갔습니다. 일주일에 2~3일은 교문에서 비질을 하고 아이들을 맞이했습니다. 2~3일은 운동장에서 아이들과 맨발 축구를 했습니다. 노란 은행나무잎이 떨어질 때는 한쪽으로 모아 누었습니다. 아이들이 길 가장자리의 낙엽을 감상하면서 계절의 변화를 생각하는 행복한 등굣길이기를 바라는 마음도 있었습니다.

2020년 9월 1일부터 대구교육대학교대구부설초등학교 교장으로 근무하고 있습니다. 페이스북의 친구 한 분은 교대부초 교문 앞이 더 깨끗해지겠다는 덕담도 주셨습니다. 학교의 주사님 두 분이 교문 앞까지 청소를 해서 교감 때 같이 매일 교문 주변을 쓸지는 않습니다. 코로나19 때문에 아이들의 등교 시간이 거의 1시간 정도로 길어져서 비질보다는 등굣길 아이 맞이에 더 신경을 씁니다. 대신에 가끔씩 등교 시간이 끝나고 낙엽 청소용 송풍기로 교문 앞과 등굣길 청소를 합니다.

비질은 청소, 정돈, 청결의 의미가 있습니다. 빗자루는 그 목적을 달성하는 도구입니다. 영호는 준비, 정리, 인내, 수양, 겸손의 의미까지 더하고 싶습니다. 준비는 새로운 만남을 위한 것입니다. 정리는 마무리이자 새로운 만남의 의미도 있습니다. 지속적인 비질은 필연적으로 인내를 동반합니다. 그 과정에서 시나브로 마음의 수양과 겸손도 따라올 것입니다.
영호의 수업 철학이자 인생철학은 절차탁마(切磋琢磨)입니다. 절차탁마는 자르고, 썰고, 쪼고, 가는 옥을 만드는 네 가지 과정입니다. 그저 세월만 흐른다고 좋은 수업이나 인생이 되는 것은 아닙니다. 수업이나 인생도 부지런히 비질을 하는 게 절차탁마라고 생각합니다.

우리 모두가 빗자루 값 걱정 없는 마음 빗자루 하나씩 준비하면 어떻겠습니까?

그 마음 빗자루에 이름도 붙이면 좋겠습니다.

영호의 마음 빗자루는 절차탁마입니다.

근심·걱정은 깨끗이 쓸어 버리고, 좋은 일은 널리 퍼뜨리는 마음 빗자루 하나씩 준비하시지요.

당신의 마음 빗자루 이름은 무엇인가요?

장갑은 지극정성입니다

"밴드 하나 주세요."

"일하다 말고 갑자기 밴드는 왜 찾아요."

"무를 썰다가 왼손 중지 끝을 살짝 베었어."

"좀 조심하지 그래요."

"조심한다고 안 다치나. 누가 다치고 싶어서 다치나."

"……. 일을 하면 꼭 티를 내요."

아내가 안쓰러운 마음은 감춘 채 핀잔을 합니다. 영호가 깍두기를 만들기 위해 무를 썰다가 다쳤습니다. 칼질을 잘하는 영호가 방심하다가 칼이 미끄러지는 바람에 생긴 일입니다. 밴드를 겹겹이 붙이고 남은 무를 썰었습니다. 크기가 제각각인 무와 쪽파, 시금치 등을 양념에 버무리는 것으로 마무리를 했습니다. 썬 무를 버무릴 때와 같이 고무장갑을 꼈으면 다칠 일은 없었습니다. 2020년 10월 25일 일요일의 일입니다.

영호의 왼손에는 상처가 많습니다. 어릴 때는 낫으로 풀을 베거나 나무를 하다가 난 상처이고, 성인이 되어서는 칼을 사용하다가 많이 다쳤습니다. 대부분 장갑을 끼지 않았을 때에 생긴 상처입니다. 가장 큰 상처는 초등학교 6학년 때에 침깨를 베다가 다친 중지입니다. 관절의 가운데 부분에 생긴 2센티미터가 넘는 상처는 오십여 년이 다 된 지금도 선명합니다. 당시에는 밭에서 지혈을 하고 집에 와서 된장을 바르고 천으로 감싸는 게 치료의 전부였습니다. 가운뎃손가락 검지 쪽의 인대가 끊어져서 지금도 힘을 세게 주지 않으면 똑바로 퍼지질 않습니다. 영호의 왼손은 초동목아의 흔적이자 고단한 행복의 이력입니다.

영호는 장갑이 많습니다. 교문에서 등굣길 아이 맞이를 할 때는 사시사철 장갑을 낍니다. 주로 흰색 장갑입니다. 손바닥과 손등에는 색색의 하트 모양을 붙였습니다. 손을 좌우나 전후로 흔들면서 "사랑합니다"라고 인사하는 데 안성맞춤입니다. 시골에서 일을 할 때는 농기구를 사용하거나 흙을 만질 일이 많기 때문에 장갑을 낍니다. 상대적으로 모자는 쓰지 않을 때가 많아서 여름철에는 손보다 얼굴색이 더 까맣습니다. 겨울철에는 주머니에 손을 넣기보다는 장갑을 끼고 다닙니다. 가죽장갑, 털장갑 등 다양합니다. 김장을 하거나 메주를 만들 때는 고무장갑을 낍니다. 그렇지만 손빨래를 하거나 설거지를 할 때는 장갑을 거의 끼질 않습니다.

"사랑합니다. 주머니에서 손 빼세요. 고개 들고."

마지못해 주머니에서 손을 뺍니다. 맨손입니다. 가까이 다가가서 묻습니다.

"내일부터 장갑을 끼고 다니세요."

"장갑이 없는데요."

"오늘 집에 가서 어머니께 '장갑 사 주실 수 있어요?' 하고 여쭤봐."

"안 사 주면요."

"그러면 교장 선생님이 어머니께 ○○에게 장갑 사 주라고 전화할게."

"……."

2019년 12월 5일 겨울 아침에 대구교동초등학교 교문에서 있었던 일입니다.

아이들이 손을 주머니에 넣었을 때와 장갑을 끼고 손을 주머니에 넣지 않았을 때, 넘어지는 상황이 발생하면 엄청난 차이가 있습니다.

겨울이 오기 전에 부모님이나 선생님께서 우리 아이들의 눈에 보이는 보온, 보호의 기능을 하는 실제 장갑 상황을 살펴보면 좋겠습니다. 손을 주머니에 넣으면 몸이 움츠러듭니다. 몸을 움츠리면 마음도 같이 움츠러듭니다. 우리 아이들 모두가 장갑을 끼고 어깨를 펴고 고개를 들고 팔을 흔들면서 당당하게 걷는 등굣길이 되기를 소망합니다.

모든 아이들이 기초와 기본이 되는 자신만의 장갑도 하나씩 가지도록 도와주면 좋겠습니다. 이 장갑은 눈에는 보이지 않습니다.

아이들의 머리나 가슴에 있고, 그 앎이 행동으로 나타날 수도 있습니다.

이 장갑은 남을 배려하는 마음, 공감하고 소통하는 마음일 수도 있습니다. 모든 공부에 도움이 되는 읽기와 쓰기, 셈하기가 될 수도 있습니다.

우리 아이들이 이런 기초와 기본이 되는 튼실한 장갑을 가지는 데는 우리 대구교육가족 모두의 지극정성이 필요합니다. 우리 아이들의 장갑은 우리 대구교육가족의 지극정성입니다.

장갑은 지극정성입니다.

용행칭사의 삶을 응원합니다

"교감 선생님. 제가 ○○하고 교실까지 들어갔다가 나올까요?"

"어머니는 들어가실 수가 없는데요."

"그러면 어쩌지요. 아이는 울면서 떨어지지를 않는데."

"어머니, 제가 대신 ○○하고 교실에 들어갈 테니 걱정 마시고 돌아가세요."

영호가 눈물도 마르지 않은 아이의 손을 잡고 1학년 교실까지 들어갔습니다. 그 뒤에도 영호는 10번 정도 아이와 함께 교실로 갔습니다. 2015년 3월의 교대부초 교문 앞 풍경입니다.

2021년 1월 26일에 영호가 6학년과 두 번째 수업을 했습니다. "네가 살던 시대적 배경은 뭐니?"는 ○○가 초등학교 6학년인 영호에게 한 질문이고, "요즘 하기가 싫어도 하는 것이나 하고 싶어도 못하는 것이 있나요?"는 지금의 영호에게 한 질문입니다. "무엇을 위해 공부하며 너에겐 공부의 의미가 뭐니?"는 ○○의 자문이고, "난 내 꿈인 곤충 과학자와 로봇 과학자를 위해 공부하며 그 의미는 배워서 좋은 데 쓰는 것이야."는 자답입니다.

○○가 졸업을 했습니다. 1학년 3월 한 달 동안 교문을 들어서기가 그렇게 힘들었던 아이입니다. 매일같이 ○○와 ○○의 어머니는 40여 킬로미터와 1시간 이상의 등하굣길에 동행을 했습니다. 선생님들도 좋은 수업으로 아이들과 함께 했습니다. 그렇게 교대부초의 교육 공동체가 아이들에게 지극정성을 다했습니다. 그렇게 시나브로 6년이라는 세월이 흘렀습니다. 2021년 2월 10일에 아이는 교대부초를 졸업하고 대구 북구의 모 중학교에서 새로운 시작을 맞이합니다.

졸업은 마무리이자 새로운 시작이라고 합니다. 어제도 새로운 시작이었고, 오늘도 새로운 시작이며, 내일도 새로운 시작일 것입니다. 즉, 하루하루가 새로운 시작입니다. 졸업을 하고 새로운 시작을 하는 친구들과 매일매일 새로운 시작을 하는 모든 이들이 용행칭사의 삶이기를 소망합니다.

첫째, 용기 있는 삶입니다. 우리는 항상 용기와 두려움을 함께 가지고 생활합니다. 힘들고 어려운 일이 있더라도 두려움을 떨치고 용기를 내면 좋은 결실을 맺을 수 있습니다. 우리는 코로나19의 두려움을 극복하고 용기 있게 생활하고 있습니다. 그렇다고 너무 용기백배하기보다는 약간의 두려움을 가지는 것은 신중한 행동을 하는 데 필요한 것입니다. "용기와 두려움은 한 이불을 덮고 잔다."고 합니다.

둘째, 행복한 삶입니다. 행복은 어디에서 시작할까요? 행복은 우리 마음에서 시작합니다. 누구는 공부에서 누구는 운동에서 누구는 여행에서 행복을 찾을 수도 있습니다. 항상 행복은 내 마음먹기에 달려 있다는 생각으로 행복한 삶을 살아가기를 소망합니다. 행복한 삶을 위해서는 몸과 마음의 건강이 무엇보다도 중요합니다.

셋째, 칭찬하는 삶입니다. 나그네의 외투를 벗기는 것은 차가운 바람이 아니라 따스한 햇볕입니다. 작은 일에도 칭찬을 아끼지 말아 주십시오. 나를 칭찬하고 우리를 칭찬해 보십시오. 나와 우리의 부족한 점을 찾는 것도 중요하지만, 잘하는 것을 찾아서 칭찬하고 발전시켜 나가는 것이 더욱 중요합니다. "칭찬은 고래도 춤추게 한다."고 합니다.

넷째, 사랑하는 삶입니다. 누구부터 사랑해야 할까요? 나부터 사랑하는 마음이 필요합니다. 자신을 사랑하지 않는 사람은 남도 사랑하기 어렵습니다. 미국의 여류 시인 메리 올리버는 "우주가 인간에게 주는 두 가지 선물 중에 하나가 사랑"이라고 했습니다. 이 글을 보시는 모든 분들도 "사랑합니다"를 세 번만 소리쳐 보겠습니다. "나는 나를 사랑합니다.", "나는 우리를 사랑합니다.", "우리는 ( )를(을) 사랑합니다."

○○가 늘 용행칭사의 삶을 살기를 소망합니다.

이 세상의 모든 이들에게 용기·행복·칭찬·사랑이 충만한 삶이기를 응원합니다.

모든 이들의 용행칭사의 삶을 응원합니다.

다시 교문에 서서

아이가 엄마 손을 잡고 횡단보도를 건너옵니다. 영호가 먼저 인사를 합니다. "사랑합니다." 엄마도 아이와 함께 영호에게 인사를 합니다. "교장 선생님 사랑합니다." 엄마와 아이는 늘 하던 헤어지는 인사를 합니다. 5초 정도를 끌어안고 있다가 눈맞춤을 하고 아이는 교문으로 발길을 돌립니다. 엄마는 아이의 뒷모습을 보고 있습니다.

몇 걸음을 걸어가던 아이가 고개를 돌립니다. 엄마와 눈이 마주쳤습니다. 아이가 엄마에게 달려가서 안깁니다. 아이는 눈물을 글썽입니다. 엄마는 어쩔 줄을 모릅니다. 아이는 자꾸만 엄마 품을 파고듭니다. 엄마가 혼잣말을 합니다. 보지 말고 바로 돌아설걸…. 1학년 때 교문에서 엄마와 헤어지는 게 힘들어서 영호와 몇 번 교실에 갔던 그 아이입니다.

영호는 가까이서 말없이 지켜보기만 합니다. 아이는 엄마에게서 떨어질 기미를 보이질 않습니다. 영호가 아이에게 묻습니다.

"교장 선생님하고 2학년 교실에 가면 어떨까?"

아이는 말이 없습니다.

"······."

영호가 무릎을 굽힌 채 아이의 손을 잡고 말합니다.

"○○야, 교장 선생님하고 교실에 가자."

여전히 아이는 말이 없고, 엄마는 애가 탑니다.

"○○야, 교장 선생님하고 교실에 들어가, 응?"

엄마의 말에 아이는 고개를 끄덕입니다.

영호가 아이의 손을 잡고 교문을 들어섰습니다. 아이가 뒤돌아보지 않도록 한 손으로 가방을 잡고 바짝 붙어서 걸었습니다. 이번에는 아이의 엄마도 바로 돌아서서 갔습니다.

100여 미터 남짓 걸으면서 이런저런 이야기를 했습니다. 체육관에서 체온 측정을 했습니다. 아이도 영호도 모두 정상입니다. 햇볕이 없는 쌀쌀한 날씨라서 평균치보다 조금 낮게 나왔습니다.

체온 측정을 마치고 영호가 아이에게 물었습니다.

"2학년 교실까지 혼자 갈 수 있겠니?"

아이는 대답 대신에 고개를 좌우로 흔듭니다. 영호는 아이의 손을 잡고 체육관을 가로질러서 2층 계단을 올랐습니다. 180.1센티미터인 영호보다 더 키가 큰 담임 선생님이 교실 입구에서 아이들을 맞으면서 신발 정리를 돕고 있었습니다. 담임 선생님이 ○○의 이름을 부르면서 반갑게 맞이합니다. 그렇게 2학년에서 6학년까지 아침 등교가 끝났습니다.

다시 9시 10분에 교문에 나갔습니다. 1학년은 입학식 날만 9시 20분에서 9시 40분까지 등교를 하는데, 보호자 한 명과 체육관까

학교 가는 길 집으로 가는 길

지 같이 들어옵니다. 체온 측정을 마치고 이상이 없으면 아이는 교실로 보호자는 교문으로 다시 나오는 것으로 사전에 안내가 되었습니다. 부모와 함께 온 아이가 10여 명, 부모와 할머니까지 함께 온 아이가 한 명, 나머지는 한 명의 보호자와 첫날 등교를 했습니다.

코로나19가 끝나지 않았지만, 첫날부터 모든 아이들이 등교하는 것으로 2021학년도가 시작되었습니다. 코로나가 끝날 때까지 모든 아이들이 등교하는 아침이면 좋겠습니다. 오늘같이 영호가 "사랑합니다. 아침 먹었어요. 재미있게 공부하세요."라는 아침 인사를 하는 날이면 좋겠습니다.

"오늘이 좋으면 늘 좋은 날이다."라고 합니다.
2021년 3월 2일, 다시 교문에 선 영호의 바람이자 우리 교대부초 교육 공동체 모두의 소망이기도 합니다.

교통 지도 똑바로 하세요

"선생님, 교통 지도 똑바로 하세요."

"예, 미안합니다."

"이거 학교 위신 문제입니다."

"예예, 미안합니다."

"제발 좀 똑바로 하세요. 버스 시간을 맞출 수가 없어요."

"아, 예예, 미안합니다. 잘 지도하겠습니다."

버스 기사가 영호 앞에 정차를 하고 앞문을 열더니 잔뜩 상기된 표정으로 소리를 칩니다. 영호는 반백이 된 머리를 연신 조아리면서 '미안합니다'를 연발합니다. 영호는 마스크 때문에 표정을 감출 수가 있어서 다행이라는 생각을 했습니다. 2021년 3월 18일 목요일 아침에 교대부초 교문에서 있었던 일입니다.

교대부초에서 직선거리로 300미터 이내에 초등학교 두 곳이 있습니다. 도로는 대부분 스쿨존입니다. 학교 부근에 택지 개발과 현풍 방면의 터널 공사가 끝나고 학교 주변에도 교통량이 훨씬 많아졌습니다.

2021년 4월 1일 기준으로 교대부초 학생은 437명입니다. 아침에

학교 가는 길 집으로 가는 길

등교할 때 승용차나 승합차를 이용하는 학생이 360명으로, 80퍼센트가 넘습니다. 현실적으로 스쿨존에 잠깐 정차를 하는 것은 누구나 인정을 합니다.

하지만 제일 문제가 되는 것이 교문에서 왼쪽으로 버스 승강장까지 50여 미터의 절대 주정차 금지 구역에 주정차를 하는 것입니다. 왕복 4차선 도로에서 1차선은 좌회전 차선입니다. 2차선에서 인도와 가깝게 차를 정차를 해도 버스 등의 조금 큰 차는 빠져나갈 수가 없습니다.

출근 시간과 겹치는 등교 시간이 제일 문제입니다. 아이들이 차에서 내려서 2차선과 인도 사이의 좁은 찻길로 길게는 20여 미터를 빠져나오는 것도 매우 위험합니다.

학교에서 스쿨존에 대한 안내문, 동영상 홍보 등을 하고, 학반 담임도 자주 안내를 합니다. 하지만 여전히 민원이 발생합니다. 2021년 3월 19일 금요일에 영호는 큰 결심을 했습니다.

클립보드 앞에는 주정차 차량 번호를 적을 수 있는 A4 종이를 많이 끼웠습니다. 뒷면에는 스쿨존 주정차 금지라는 글자를 붙였습니다. 3일 동안은 주정차 차량의 뒷자리 번호 4자리만 적었습니다. 평균 20여 대가 주정차를 합니다. 10여 대는 매일같이 주정차를 합니다.

3월 24일부터는 차에서 내린 아이가 교문까지 오면 부탁을 했습니다. "사랑합니다. 아침은 먹었니? 누가 차를 태워 주니? 내릴 때 뭐라고 인사를 했니? 내일부터는 버스 승강장 위나 교문 아래쪽에 잠깐 차를 세우고 내리면 좋겠구나. 나오는 길이 굉장히 위험하고, 버스 등 큰 차들이 빠져나가지 못해서 학교로 전화도 많이 온단다. 부모님께 잘 말씀드려 주세요. 부탁합니다. 공부 재미있게 하고." 학반이나 이름은 묻지 않았습니다. 그렇게 또 며칠이 지났습니다.

"교장 선생님, 좋은 일이 있으신가 봐요?"

"예, 제가 기분이 좋아 보여요?"

"예, 기분이 아주 좋으신 것 같아요."

"허허, 오늘 기분이 아주 좋습니다. 오늘은 교문 위쪽 스쿨존에 차를 세우신 학부모님이 한 분도 없었습니다."

"애쓴 보람이 있네요."

"예, 다 덕분입니다."

2021년 3월 30일 화요일에 등굣길 아이 맞이를 마치고 급식실에서 일하시는 분들과 나눈 이야기입니다.

역지사지는 상대방의 입장이 되어 보는 것입니다. 살아가면서 상대방의 입장에서 한 번 더 생각하고 행동한다면 크게 언성을 높이거나 얼굴을 붉힐 일은 없을 것 같습니다. 역지사지, 여러분들은 어떻게 실천하시는지요?

학교 가는 길 집으로 가는 길

당신은 겸손하십니까

"야, 김영호 이리 나와. 훈련 중에 왜 자꾸 실실 웃는 거야."

대구교대 1학년 때 RNTC(학군하사관 후보생) 군사 훈련을 받던 중에 지금은 고인이 된 교관에게 지적을 받은 것입니다. 그 교관은 영호가 건방지다며 교대를 졸업할 때까지 알게 모르게 부담을 주었습니다. 지금 생각해도 그때 영호는 웃지 않았습니다.

"너, 이리 나와. 훈련 태도가 불량하다. 내일 아침까지 반성문 20장 써서 제출해."

대구교대 1학년 여름 방학 때 50사단에서 RNTC 병영 훈련을 받던 중에 소대장이 한 말입니다. 잠을   아 가며 밤새워 16절 시험지와 씨름을 했습니다. 하룻밤에 20장이라니, 너무한 거라는 불만은 많았지만 그리 걱정은 하지 않았습니다. 처음에는 계속 반성한다는 내용을 썼습니다. 그렇다고 20장 전부 '반성합니다'를 쓸 수는 없었습니다. 중간에 애국가도 쓰고, 고등학교 때 외웠던 시조나 관동별곡 등을 끼워 넣기도 했습니다. 다음날 반성문 20장을 제출하니 건성으로 훑어보더니 "거 잘 썼네."하고는 안마를 하라는 것으로 마무리를 했습니다. 지금 생각해도 그때 영호는 설렁설렁 훈련을 하지 않았습니다.

"김영호 선생님은 장교 출신도 아니면서 고개를 빳빳하게 들고
다니네."

1999년 교대부초에 전입했을 때 선배 선생님이 하신 말씀입니
다. 모두가 바쁜 교대부초에서 막 전입한 교사가 조금은 느긋하면
서도 빳빳하게 걷는 게 보기 불편했었나 봅니다. 다른 학교에 근무
하면서도 직간접적으로 좀 뻣뻣하다는 말을 제법 들었습니다. 말
을 붙이기가 어렵고 건방져 보인다는 말도 들었습니다.

왜 이런 일들이 있었는지 생각해 봅니다. 태도와 자세가 겸손하
지 않은 게 문제입니다. 영호는 역지사지의 마음으로 다음의 세 가
지 이유로 변명을 해 봅니다.

첫째는 영호의 자세 때문입니다. 선고(先考)께서는 고된 농사일
에 약주를 드셔도 항상 꼿꼿하게 걸으셨습니다. 특히 영호가 고등
학교를 졸업할 때까지는 일부러라도 흐트러진 모습을 보이지 않으
려고 노력했다는 선고의 말씀을 직접 듣기도 했습니다. 영호가 고
개를 들고 어깨와 허리를 펴고 걷는 것은 선고의 영향입니다. 자세
뿐만 아니라 치밀하고 깐깐한 성격도 선고의 영향을 많이 받았습
니다.

학교 가는 길 집으로 가는 길

둘째는 영호가 말이 적은 까닭입니다. 예전에는 대화를 할 때도 주로 듣기만 했습니다. 말이 어눌해서이기도 합니다. 어느 자리에서는 앞에 앉은 동기 여선생님이 재미없다면서 말 좀 하라고 채근하던 때도 있었습니다. 말이 적으면 말로 실수할 일은 없지만, 소통과 공감에는 어려움이 있습니다. 최근에는 부쩍 말이 많아졌습니다. 말은 많아도 탈이고 적어도 걱정이니 적당하게 중용을 지키는 게 어렵습니다.

셋째는 영호의 키 때문입니다. 영호의 키는 180.1센티미터 또는 180.9센티미터입니다. 서서 이야기를 나누면 대부분 영호는 상대방을 내려다보고 상대방은 영호를 올려다보게 됩니다. 올려다보는 입장에서는 기분이 조금 상할 수도 있습니다. 10여 년 전에 배드민턴 동호회에서 두 다리를 벌리고 무릎을 조금 굽혀서 키가 아주 작은 상대방의 이야기를 들었더니, 그 여성 회원은 두고두고 영호를 칭찬하기도 했습니다. 수업 시간에는 아이들의 눈높이에 맞게 무릎을 굽히거나 꿇어앉기도 합니다.

교대부초의 비전은 대한민국에서 가장 좋은 수업을 하는 학교입니다. 언뜻 생각하면 아주 건방진 비전입니다. 하지만 이 비전은 상대적인 것도 아니고, 다른 학교와 비교하는 것도 아닙니다. 우리 대구교육대학교대구부설초등학교 선생님 한 분 한 분의 마음가짐입니다. 자기 자신의 절대적인 기준입니다. 우리 모두는 지금도 나름대로 자신이 좋은 수업을 하고 있다는 확신을 가지고 있습니다. 예를 들어서, 영호는 어제보다 오늘 조금 더 좋은 수업을 했습니다. 오늘은 영호의 생애에서 가장 좋은 수업을 한 날입니다. 내일은 오늘보다 더 좋은 수업을 했습니다. 내일은 영호의 생애에서 가장 좋은 수업을 한 날이 되겠지요. 어떤 날은 수업이 힘들고 어려울 때도 있을 것입니다. 두 걸음 더 나가기 위한 한 걸음 물림이라고 생각하시면 됩니다. 이런 마음으로 자신만의 가장 좋은 수업을 만들어 가는 것이 교대부초의 아주 겸손한 비전입니다.

그래서 영호는 교대부초 선생님들에게 겸손, 열정, 실력을 갖출 것을 당부합니다. 신영복은 "겸손은 자기를 낮추고 뒤에 세우며 자기의 존재를 상대화하여 다른 것과의 관계 속에 배치하는 것으로 관계론의 최고 형태이다."라고 합니다. 열정은 일에 대한 자세와 태도이자 실천의 문제입니다. 겸손과 열정이 손바닥과 손등처럼 항상 함께 붙어 다니면 좋겠습니다. 누구나 겸손과 열정으로 절차탁마를 한다면 시나브로 실력은 그 사람의 그림자가 되어 있을 것입니다.

영호는 교대부초 교직원들과 소통과 공감의 공간인 교대부초 절차탁마 시리즈에서 대구교육대학교대구부설초등학교 제일 머슴(교장) 김영호 드림이라는 말로 마무리를 합니다. 제일 머슴은 상머슴이라는 의미입니다. 21세기에 머슴이라는 용어가 어울리지는 않지만, 그만큼 교직원들을 섬기고 배려하며 솔선수범으로 영호 자신을 낮추겠다는 의도입니다.

자문자답을 합니다.
"영호야, 너는 얼마나 겸손하니?"
"글쎄, 아직은 좀…."
당신은 얼마나 겸손한지 자문자답해 보시지요?
"나는 얼마나 겸손한가?"
"나는…!"

스피노자의 사과나무와 영호의 자두나무

"비록 내일 지구의 종말이 온다 하더라도 나는 오늘 한 그루의 사과나무를 심겠다." 1600년대 네덜란드의 철학자 바뤼흐 스피노자가 한 말이라고 합니다. 유럽에서는 대부분 마르틴 루터가 한 말로 알고 있는데, 누가 처음 이 말을 했는지는 알 길이 없다고 합니다. 하지만 "희망 없는 두려움도 없고, 두려움 없는 희망도 없다."라고도 말한, 스피노자의 철학관에 비추어 볼 때 누가 말한 것인지 왈가왈부하는 것은 별 의미가 없는 것 같습니다.

우리에게 내일 어떤 일이 일어날지는 그 누구도 알 수가 없습니다. 그런 상황에서 오늘 사과나무를 심는다고 합니다. 현재의 맡은 일에 충실하겠다는 의미입니다. 사과나무의 의미는 무엇일까요. 사과나무는 열매를 따는 유실수입니다. 사과나무는 3년생 가지에 열매가 달리는데, 제대로 수확을 하자면 십여 년은 길러야 합니다. 내일 세상이 끝나는데 사과나무를 심는 것은 긍정이자 필연의 철학이 분명합니다.

영호는 자두나무와 인연이 많습니다. 선고께서는 영호가 초등학교 다닐 때 천도복숭아나무를 심었습니다. 영호가 대구교대에 다닐 무렵에 천도복숭아나무를 벤 자리에 사과나무를 심었습니다. 봄에 꽃이 피고 가을에 수확하는 사과는 약도 자주 쳐야 해서 다른 유실수에 비해서 재배하기에 힘이 듭니다. 십여 년 뒤에 사과나무를 벤 자리에 자두나무를 심었습니다. 고향인 김천은 전국에서 대표적인 자두와 포도의 생산지입니다. 그렇게 삼십여 년이 흘렀습니다.

부모님은 자두나무를 애지중지 길렀습니다. 부모님이 연로해서 농사가 어려울 때부터 동생이 관리를 했습니다. 영호는 그저 주말에 눈 농사와 입 농사만 했습니다. 자두나무는 집안에 경제적인 도움도 많이 주었습니다. 가족들은 매년 자두를 풍족하게 먹었습니다. 영호의 지인들도 새콤하고 달콤한 자두 맛에 익숙해졌습니다. 그러는 사이에 부모님은 돌아가시고 자두나무도 나이가 들어서 곳곳에서 신호를 보내고 있었습니다.

올해는 특히 비가 잦았습니다. 유실수는 물이 꼭 필요하지만, 뿌리에 물이 고이는 시간이 많으면 대부분 죽습니다. 그래서 이번 여름에는 어느 집이나 다른 해보다 많은 유실수가 죽었습니다. 밭 가장자리에 꽃을 잘 피웠던 해바라기도 자두나무와 마찬가지였습니다. 자두나무가 죽은 것은 많은 비가 직접적인 원인이 되었지만, 삼십여 년 동안 쉼 없이 자두를 생산한 피로도 겹쳤습니다. 몇 년 전부터 신호를 보내고 있었습니다.

자두 농사를 짓는 동생과 의논을 했습니다. 올해 수확을 마치면 자두나무를 전부 베기로 했습니다. 자두나무를 베는 것은 전적으로 영호 혼자서 하기로 했습니다. 첫 작업을 하기 전에 대표 자두나무에 막걸리를 올리고 절을 했습니다. 그동안의 노고에 대한 감사의 인사였습니다. 그리고 모든 자두나무에 막걸리를 조금씩 따르고 고맙고 수고했다는 인사를 했습니다. 처음 나무를 심었던 부모님과 그동안 가꾸었던 동생에 대한 고마움도 함께 담았습니다.

2021년 6월 말부터 자두나무를 베는 작업을 했습니다. 작업은 주말에 하고 여름 방학에도 제법 시간을 낼 수 있었습니다. 엔진톱과 전기톱을 번갈아 가면서 사용했습니다. 자두나무 밑에 풀이 많이 자라서 예초기도 자주 사용했습니다. 나무를 베고 쌓을 수 있을 정도의 길이로 잘라서 전동 수레를 이용해 한곳에 잘 정리를 했습니다. 잔가지는 잘라서 따로 묶었습니다. 어떤 토요일 밤에는 새벽 2시가 넘도록 자른 나무를 옮기는 작업을 하기도 했습니다.

엔진 톱과 전기톱의 무디어진 톱날을 갈거나 새로 바꾸어 끼우는 것도 익숙해졌습니다. 8월 말에는 마무리를 하려고 한 것이 10월 초가 되어서 끝이 났습니다. 100여 그루의 자두나무를 정리하는 데 100여 일이 걸렸습니다. 손바닥에는 굳은살이 생기고 근육통 등 약간의 부작용도 생겼습니다. 다음 작업은 포클레인으로 뿌리를 캐고 밭을 정리해야 합니다. 곧 어떤 나무를 심을 것인지도 결정해야 합니다. 하지만 어떤 나무를 심더라도 물이 잘 빠지도록 정리하고 흙이 부족하면 새로운 흙도 넣어야 합니다. 땅의 거름기를 보충하기 위해서 소똥 등의 퇴비를 충분히 넣는 작업도 남았습니다.

　흔히 나무를 심는 것을 십년대계라고 하고, 교육은 백년대계라고 합니다. 나무나 교육이 눈앞의 이익이나 현상보다는 장기적인 관점에서 생각을 해야 하는 공통점이 있습니다. 문득 스피노자의 사과나무와 영호의 자두나무를 쓰면서 교육나무를 생각했습니다. 영호는 지금까지 어떤 교육나무를 길렀는지 생각해 봅니다.

　그 교육나무가 영호의 수업 철학이나 인생철학이라고 해도 무방하겠지요. 영호의 수업 철학이자 인생철학은 절차탁마입니다. 절차탁마를 어떻게 실천했는지 성찰을 해 봅니다. 썩 만족하지는 못하지만 서운하지는 않을 정도입니다.

　여러분들은 오늘 한 그루의 나무를 심는다면 어떤 나무를 선택하시겠습니까?
　여러분들은 지금까지 어떤 교육나무를 키워 오셨습니까?

교장 선생님, 노래 불러 주세요

"교장 선생님, 노래 불러 주세요."

"노래를?"

"예, 지난번 꽃사슴 버스킹에서 교장 선생님이 부르신 노래요."

"아, '시월의 어느 멋진 날에'라는 노래를 말하는구나."

"예, 그 노래 불러 주세요."

영호는 휴대폰에 저장된 시월의 어느 멋진 날에 반주를 틀었습니다. 제일 앞에 앉은 여학생이 노래를 따라 부릅니다. 앞으로 나오게 해서 서게 하고 영호는 의자에 앉아서 키 높이를 거의 같게 했습니다. 그렇게 둘이서 시월의 어느 멋진 날에를 불렀습니다.

2021년 10월 26일 화요일에 교대부초 1학년 1반에서 있었던 일입니다. 그날은 영호의 세 번째 수업 주제인 칭찬으로 수업을 하는 날이었습니다.

다음날 급식실 앞에서 노래를 불렀던 시연이를 만났습니다.

"시연아, 어제 노래를 정말 잘했어. 어떻게 해서 그 노래를 배우게 되었지?"

"교장 선생님이 꽃사슴 버스킹에서 시월의 어느 멋진 날에를 부르신 것을 보고 집에 가서 엄마한테 노래를 틀어 달라고 했어요."

"그랬구나. 노래 연습을 매일 하니?"

"예, 매일 노래를 부르고 어제는 휴대폰으로 동영상도 찍었어요."

교대부초에서는 격주 수요일마다 꽃사슴 버스킹을 운영합니다. 학생들의 요구에 의해서 시작했습니다. 노래, 춤, 악기 연주, 줄넘기 등 학생들의 다양한 꿈과 끼를 선보이고 있습니다. 진행, 운영 요원 선정, 자리 배치 등은 전교 학생회에서 주관을 합니다. 선생님들은 입장 음악, 반주 음악 등 최소한의 도움만 주고 있습니다. 날씨가 좋을 때는 3학년 교실 앞 열린 공간에서 진행하고, 폭염이나 비가 올 때는 체육관에서 진행을 합니다. 이동이 편리한 의자 100여 개를 준비하고 거리두기 등의 방역 수칙을 철저히 지키면서 운영하고 있습니다. 공연은 촬영을 해서 유튜브 주소를 학부모에게 공유하고 있습니다.

11월 10일 수요일에 열린 꽃사슴 버스킹에는 6팀이 참여를 해서 열기를 더했습니다. 수업 실습 중인 대구교대 3학년 교생 선생님들이 6학년 자율 동아리 학생들과 합주도 했습니다. 독창을 한 성지환 교생 선생님은 "꽃사슴 버스킹 무대에서 기타를 치면서 쏜애플의 '남극'이라는 노래를 불렀습니다. 오랜만에 무대에 서니 떨리기도 하고 설레기도 했어요. 공연에 큰 호응을 해 준 교대부초 학생들에게 감사의 말씀을 전합니다. 여러분 덕분에 수업 실습에서 행복한 경험을 또 쌓아 갑니다."라고 소감을 밝혔습니다.

영호가 노래를 좋아하게 된 계기 중 하나가 중학교 때 음악 실기 시험을 본 후입니다. 아포중학교 2학년 때 지금은 고인이 되신 김하조 선생님께 음악을 배웠습니다. 음악 실기 시험의 지정곡은 외국 번안곡인 '들장미'였습니다. 인터넷 검색을 해 보니 지금도 많은 중학교에서 이 노래로 수행 평가를 한다고 합니다. 영호와 이종배라는 친구가 만점을 받았습니다. 김하조 선생님은 100점을 받은 영호와 이종배를 앞으로 나오게 해서 다시 부르게 했습니다. 그런데 영호는 두 번이나 목이 막히는 바람에 끝까지 부르지를 못했습니다. "웬 아이가 보았네. 들에 핀 장미화… 정신없이 보누나. 장미화야, 장미화." 그렇게 노래에 자신감을 가지게 된 것이 40여 년이 훌쩍 지났습니다.

영호는 노래를 부르거나 듣는 것을 좋아합니다. 대중가요도 좋아하고 가곡이나 오페라도 자주 듣습니다. 강의를 시작할 때, 강의 중간, 마칠 때에도 내용과 어울리는 노래를 넣습니다. 나는 문제없어, 넌 할 수 있어, 향수, 선생님의 노래, 킬리만자로의 표범, 내가 만일, 사람이 꽃보다 아름다워, Perhaps love(아마도 사랑은) 등은 아이들에게도 많이 들려준 노래입니다. 안치환의 '내가 만일'은 노랫말(시) 바꾸어 쓰기에 좋은 노래입니다. 노래 못지않게 '향수', '소금' 등과 같은 좋은 시도 많이 접할 수 있는 기회를 주었습니다.

혹자는 그런 어려운 노래와 시를 아이들이 어떻게 이해를 하느냐고 의문을 제기합니다. 충분히 일리가 있는 말입니다. 영호는 '소금'이라는 시를 예로 들어서 설명을 합니다.

"아이들이 운동을 하다가 넘어져서 상처가 났습니다. 상처가 나면 아픔을 느낍니다. 아프면 울게 되고 눈물을 흘립니다. 3학년 아이들에게는 이렇게 설명을 합니다. 그 아이가 소금이라는 시를 잊고 있다가 중학교 때나 성인이 되어서 우연히 대할 때는 또 다른 느낌을 가지면 되는 것입니다."

"먹이를 찾아 산기슭을 어슬렁거리는 하이에나를 본 적이 있는가…."

2004학년도 3월 하순에 교대부초 3학년 교실을 들어서는 여학생이 혼잣말로 중얼거린 가왕 조용필의 '킬리만자로의 표범'입니다. 출근하면서 앞에서 소개한 노래를 반복 재생을 해서 아이들이 듣게 했습니다. 어떤 아이가 교실에 들어설 때는 '향수'가, 또 어떤 아이가 자리에 앉을 때는 '내가 만일' 노래가 흐르는 교실입니다. 동시와 좋은 시 50여 편도 자료집으로 엮어서 노래와 함께 제공했습니다. 어떤 시간에는 노래와 음악이 양념이 되기도 하고, 또 어떤 시간에는 주된 활동이 되기도 했습니다.

코로나19는 여전히 현재 진행형입니다. 아이들이 마스크를 벗은 얼굴을 보는 것은 점심시간뿐입니다. 11월부터 단계적 일상 회복

(위드 코로나)이 진행 중입니다. 좋은 노래와 시는 코로나19 심리 방역을 위한 마음 백신의 역할을 할 수 있습니다. 코로나19 상황에서도 잔잔한 음악이 흐르고 시를 읊조리는 교실 정경이기를 소망합니다. 하루빨리 코로나19가 완전히 끝난 교정에서 모두가 목청껏 노래를 부르고 시를 읊는 풍경을 손꼽아 봅니다.

그리고 영호에게 이런 노래를 불러 달라고 하는 날도 멀지 않았음을 확신합니다.

"교장 선생님, 이번에는 향수 노래를 불러 주세요."

소작농의 가을과 머슴의 아침

볏단을 탈곡기에 댈 때마다 벼 알갱이가 쌓입니다. 양발을 번갈아 가면서 탈곡기를 돌리면서 두 손은 볏단을 이리저리 돌립니다. 볏단이 탈곡이 끝나면 짚단이 됩니다. 짚단은 뒤쪽으로 던집니다. 아버지와 어머니 두 분의 몫입니다. 너무 많이 쌓이지 않게 다른 곳으로 치웁니다. 영호의 몫입니다.

탈곡기 앞에 벼 알갱이가 수북하게 쌓이면 잠시 탈곡기를 멈추고 갈퀴와 빗자루로 알갱이를 정리합니다. 두 분의 일입니다. 이때 영호는 탈곡기 옆에 탈곡할 볏단을 가져다 놓습니다. 늦가을의 짧은 해가 뒷산 너머로 사라지고 개와 늑대의 시간이 될 때 탈곡은 끝이 납니다.

짧은 저녁 식사가 끝나면 탈곡이 끝난 짚단을 차곡차곡 쌓습니다. 어느 정도 높이가 되면 아버지가 낟가리에 올라가고 어머니와 영호는 짚단을 던져서 올립니다. 아버지는 짚단을 차곡차곡 잘 쌓았습니다. 제일 어려운 작업인 빗물이 들어가지 않게 초가지붕과 같이 하면 마무리가 됩니다. 그렇게 늦가을 밤이 깊어갔습니다. 시골 마을의 모든 집에서 가을 내내 이런 작업이 이어졌습니다. 부의 상징이었던 낟가리가 지붕만큼이나 생기면 시골 마을은 초겨울이 됩니다. 영호의 초등학교 고학년 때의 풍경입니다.

이런 작업은 우리 집에서보다 다른 집에서 하는 게 더 많았습니다. 땅이 그리 넉넉하지 않았던 두 분은 영호가 고등학교에 들어가기 전까지 부잣집의 소작을 했습니다. 인력과 소의 힘으로 짓는 농사는 부지런함을 몸에 배게 했습니다. 두 분은 "농작물은 농부의 발자국 소리를 듣고 자란다."는 말을 증명했습니다. 두 분은 소작을 하면서도 겸손했지만 당당했습니다. 특히 아버지는 약간 까칠한 면도 있었습니다. 어린 영호도 그것이 부끄럽다고 생각하지는 않았습니다.

시골에서 자란 영호는 어려서부터 아침에 일찍 일어났습니다. 시골의 여름은 새벽 4시가 넘으면 시작되는 것의 영향이 컸다는 생각이 듭니다. 그래서 그 뒤로도 아침에 일찍 일어나는 것이 습관이 되었습니다. 특히 출퇴근 거리가 왕복 100여 킬로미터가 넘다 보니 일찍 출근을 할 수밖에 없는 측면도 있습니다. 출근 시각은 교사, 전문직, 교감, 전문직, 교장을 거치면서도 늘 일정했습니다. 어떤 직위에 있느냐에 따라서 아침 활동은 조금씩 달라졌습니다.

지금도 일찍 출근을 합니다. 휴대폰의 아침 알람은 4시 44분입니다. 가끔씩 늦장을 부리기도 하지만 대부분 알람이 울리기 전에

잠을 깹니다. 혼자서 아침 식사를 하고 출근 준비를 하는 데 시간
이 제법 걸립니다. 늦어도 6시 전에 집을 나서면 한 시간 안에 학
교에 도착합니다. 그래도 누군가 출근을 한 날도 있습니다. 영호보
다 더 부지런합니다.

2023.3.27.(월) 출근길

교장실에 들어서면 컴퓨터를 켜고 음악을 틀고 물을 끓입니다.
발열 체크를 하는 체육관에 불을 켜고, 1, 2학년 교실을 돌아보면
서 복도에 불을 켭니다. 다시 본관으로 넘어와서 4층까지 다니면
서 복도에 불을 켭니다. 더운 여름에는 냉방을 하고, 겨울에는 난
방을 합니다. 다시 교장실에 와서 물을 마시고 글자나 초성이 붙
은 마스크를 착용하고 교장실을 나섭니다. 교문에 나가서 교감 선
생님과 아이들 아침 맞이가 끝나면 교문을 잠급니다. 급식실에 들

렀다가 교장실에 도착하면 1교시가 시작되는 8시 50분이 됩니다. 이게 영호의 아침입니다. 2023학년도부터는 모든 학교의 일정은 코로나19 이전으로 돌아갔습니다.

영호는 공식적인 직함을 사용할 때 외에는 대구교육대학교대구부설초등학교 제일 머슴(교장)과 같이 머슴이라는 용어를 사용합니다. 머슴은 주로 농가에 고용되어 그 집의 농사일과 잡일을 해주고 대가를 받는 사내라는 뜻입니다. 영호는 학교에 고용되어 교육과 여러 가지 일을 하고 있습니다. 교장이라는 직위에는 직책이 따릅니다. 영호가 머슴이라고 하는 것은 직책을 다하고 상대방을 존중하며 배려하고 섬기겠다는 것입니다.

부모님이 소작을 하면서도 겸손하고 당당했듯이 영호도 머슴의 직책을 다하면서 겸손하고 배려하고 섬기면서도 당당함을 잃지 않겠습니다.

파업을 하는 모양이네

"파업을 하는 모양이네."

"그러게."

"쯧쯧…."

교문 앞에서 아이들을 맞이하고 있는 영호를 본 어르신 몇 분이 한 말입니다. 두툼하고 긴 방한복을 입고 마스크에는 금방 알아볼 수 없는 것이 붙어 있고 손에는 여러 가지 내용이 담긴 커다란 팻말을 든 영호의 모습이 수상쩍었던 모양입니다. 마침 어르신들이 지나갈 때는 등교하는 아이들이 한 명도 없었습니다.

그렇게 어르신 몇 분이 혀를 차면서 교문 앞을 지나갔습니다. 곧 교통 봉사를 하는 어르신들이 신호등 양쪽으로 자리를 잡았습니다. 뒤이어 아이들이 줄지어 교문을 들어섭니다. 그러던 중 두 아이가 영호 앞에 섰습니다. 그리고는 1학년 때부터 매일 아침에 반복해 온 그들만의 의식을 시작했습니다.

"대한민국에서 가장 좋은 수업을 하는 학교. 참 잘했어요! 괜찮아, 잘하고 있어! 대구교육대학교대구부설초등학교."

둘은 지나가는 사람들이 다 들을 수 있는 목소리로 영호가 들고 있는 손팻말에 적힌 글을 읽었습니다. 그리고 마스크에 붙은 초성

'ㅊㅇㅎ'을 보고 '축입학'이라고 말하고는 깔깔댑니다. 2022년 3월 3일 화요일 아침에 교대부초 교문에서 있었던 일입니다.

영호의 마스크에는 항상 무엇인가 붙어 있습니다. 교표는 모든 마스크에 붙습니다. 커다란 하트 하나를 붙이기도 하고, 방역 수칙을 강조할 때는 마거손(마스크 쓰기, 거리두기, 손씻기)과 같이 첫 글자를 따서 붙입니다. 아이들이 좀 더 생각할 수 있게 초성만 붙이는 때가 많습니다. 'ㅁㄱㅅ(마거손), ㅊㅈㅇ(축졸업), ㅇㄱ(용기), ㅎㅂ(행복), ㅊㅊ(칭찬), ㅅㄹ(사랑), ㅅㅇㅅㅅ(수업실습), ㅇㅎㅊㅅ(용행칭사),ㅂㅈㅅ(불조심)' 등입니다. 아이들이나 교직원들은 영호의 마스크가 늘 궁금합니다. 궁금한 것은 호기심입니다. 호기심은 질문을 자극합니다.

영호의 손팻말은 크기가 점점 더 커지고 있습니다. 처음에는 A4나 A3 용지에 출력을 해서 하드보드지 양쪽으로 붙여서 생각을 전했습니다. 3월부터는 가로 60센티미터, 세로 90센티미터의 크기로 학교에 있는 현수막을 제작하는 기계로 출력을 하고 있습니다. 필수 내용은 위쪽에 학교의 비전인 대한민국에서 가장 좋은 수업을 하는 학교와 사랑합니다 또는 하트 모양, 아래에는 교표와 학교 이름입니다. 중간에 들어가는 내용은 함께 나누고 싶은 내용으로 어린이 보호 구역 4가지, 코로나19 방역 수칙, 부초 어린이 다짐, 용기의 말, 칭찬의 말 등으로 수시로 바뀝니다.

3월 4일 금요일에는 꽃사슴문화관에서 1학년 신입생 학부모들과 생각을 나누는 시간을 가졌습니다. 218석의 좌석이라 거리 두기를 철저히 하면서 60여 명의 학부모들에 학교를 소개하고 질의응답의 시간을 가졌습니다. 영호는 학교 비전과 아이들이 부모에게 듣고 싶은 말 10가지가 앞뒤로 붙은 팻말로 생각을 주고받았습니다. 아이들이 제일 듣고 싶어 하는 말은 '우리 아들딸 정말 잘했어', '항상 사랑한다', '넌 지금도 잘하고 있어' 등의 순이다. 몇 번을 함께 읽었습니다. 마스크에는 초성 'ㅊㅇㅎ'이 붙어 있었습니다. 교문을 지나간 어르신들의 말을 빌리자면 영호는 학부모들 앞에서 파업을 한 것입니다. 복장이 방한복에서 교복으로 바뀐 게 다를 뿐입니다.

3월 3일에 교문을 지나간 어르신들이 그 뒤로는 보이질 않습니다. 어디 편찮으신가 궁금하기도 합니다. 다시 교문 앞을 지나갈 때는 어떤 말을 할지 궁금합니다. 그때도 영호의 손에는 무엇인가 적힌 커다란 팻말이 들려 있고, 마스크에는 금방 알아보기 힘든 게 붙어 있을 것입니다.

2023년 3월에도 영호는 매일 아침 교문 앞에서 파업을 하고 있을 것입니다.
"이 학교는 아직도 파업을 하네."

교장 선생님 정말 늙었어요

"교장 선생님, 정말 늙었어요."

다짜고짜 정유건이 영호에게 하는 말입니다.

"그래, 정말 늙었지."

영호가 정유건의 말에 맞장구를 쳤습니다.

"야, 유건아…."

유건이 가방을 받아서 어깨에 메고 있던 어머니가 난처해합니다.

"유건아, 정말 젊었을 때 사진 보여 줄까?"

영호도 젊었을 때가 있었다는 것을 아이들에게 확인시켜 주고 싶었습니다.

아이들이 좋아합니다. 카톡에서 초등학교 6학년이었던 영호의 사진을 찾아서 보여 주었습니다.

"교장 선생님, 잘생기셨다."

어머니들이 먼저 무안한 분위기를 돌립니다.

"교장 선생님, 정말 젊었어요."

세 명의 아이들이 이구동성입니다.

춘분인 2022년 3월 21일 월요일 오후 4시가 살짝 지난 시간에 교문에서 방과 후를 마치고 나온 1학년 세 명의 아이들과 그 어머니들과 주고받은 이야기입니다.

그러고 보니 어머니들이 아이들 책가방을 메고 있습니다.

"가방은 누가 메야 하지?"

영호의 말에 가방은 다시 아이들 어깨로 옮겨졌습니다.

그래도 오늘이 영호의 가장 젊은 날입니다.

마스크의 초성은 'ㅊㅂ'입니다.

다음날 1학년 교실에서 정유건을 만났습니다.

"유건아, 교장 선생님이 정말 늙었나?"

"아니요. 교장 선생님은 젊었어요."

"정말 젊었어. 왜 그렇게 생각했는데."

"……."

아이는 말이 없습니다. 혹 어제 집에서 어머니에게 혼이 난 것은 아닌지 걱정이 되기도 했습니다.

아이들 때문에 반백인 머리를 까맣게 염색을 하고 있습니다. 아내도 흰머리가 있으면 아이들이 할아버지 선생님이라고 한다면서 염색을 할 것을 강권하기도 했습니다. 영호가 봐도 염색 전후로 뭔가 달라 보이는 것은 사실입니다.

어느 가수는 늙어 가는 것이 아니고 익어 간다고도 합니다. 또 다른 가수는 오늘이 가장 젊은 날이라고도 합니다. 늙어 가면 어떻고 익어 가면 어떻습니까. 이 모든 것이 생로병사의 이치고 자연의 섭리인 것을 말입니다.

문득 이런 생각을 해 보았습니다. 정유건이 영호의 나이에 대구교육대학교대구부설초등학교 교장이 되어서 교문에서 아이들을 맞이하는 장면입니다.

"교장 선생님은 정말 늙었어요."

1학년 아이들이 정유건 교장 선생님께 하는 말입니다.

"그래, 정말 늙었지. 나도 너희들같이 초등학교 1학년 시절이 있었단다. 사진을 보여 줄까?"

정유건 교장은 휴대폰에서 초등학교 1학년 때 교문에서 영호와 함께 찍은 사진을 보여 줍니다.

아이들이 무척이나 좋아합니다.

"교장 선생님, 정말 젊었어요."

그 뒤에 정유건과 교문에서 사진을 찍었습니다.

담임 선생님을 통해서 부모님께 드렸습니다.

그 뒤로도 정유건은 늘 즐겁게 교문을 들어섰습니다.

교실에서도 늘 활기가 넘쳤습니다.

4월 중순에 담임 선생님이 봉투 하나를 건넵니다. 영호와 정유건이 함께 찍은 사진과 영호의 신문 기사를 코팅한 것과 어머니의 손편지가 들어 있었습니다.

2학년이 된 정유건의 학교생활은 즐겁습니다. 교문에서 만나면 가끔씩 자기소개를 하게 합니다.

"유건아, 자기소개 한 번 해 보자."

"저는 대구교육대학교대구부설초등학교 2학년 1반 15번 정유건입니다."

거침없이 자기소개를 합니다.

"유건이 유튜브 한다는 이야기를 들었는데…."

"예. 와이지(YG) 월드입니다. 구독자 수는 47명입니다."

그렇게 또 교문을 들어섭니다.

정유건과 정유건 어머니가 보내 준 편지

이제 영호는 정말로 늙었습니다.

맨발의 영호

"교장 선생님, 신발은 어디 갔어요?"

"글쎄, 신발이 보이질 않네."

"신발이 보이지 않다니요?"

"비가 오는 날이면 신발이 없어지네."

"정말요? 저희들이 교장 선생님 신발을 찾아볼까요?"

"그래, 찾아 주면 고맙지."

아이들이 교문 주변을 두리번거립니다. 영호의 신발은 보이질 않습니다. 마음이 다급한 아이들은 교장실 복도의 신발장까지 뛰어갔다가 옵니다. 그래도 영호의 신발은 보이질 않습니다.

비가 오는 날이면 교대부초 교문에서 볼 수 있는 정경입니다. 비가 많이 내릴 때는 체육복 바지를 무릎 위까지 걷어 올리고 종아리까지 내려오는 비옷을 입습니다. 우산을 쓰기도 하고 비옷에 붙은 모자로 우산을 대신하기도 합니다.

그리고 맨발로 교문으로 나갑니다. 고학년은 영호의 맨발에 익숙합니다. 저학년들은 발이 시리거나 아프지 않은지 궁금해합니다. 평소 신었던 운동화는 어디에 있는지 묻기도 합니다. 학부모들은 당황하거나 놀라면서도 사진을 찍기도 합니다.

영호는 전임지인 대구교동초등학교에서는 맨발로 걷기를 하거나 축구를 많이 했습니다. 운동장이 흙으로 되어 있어서 맨발 교육을 하는 데 아주 좋았습니다. 아침에 영호와 축구를 하는 전제 조건이 맨발이었습니다. 처음에는 힘들어하던 아이들도 이내 익숙해집니다.

날씨가 좋은 날은 운동장에 막대기나 물을 채운 음료수병을 이용해서 미술 수업을 하는 학반도 있었습니다. 운동장이 도화지이고 물병은 크레파스입니다. 역시 맨발 수업입니다.

비가 오는 날이면 우산을 쓴 아이들이 맨발로 운동장을 뛰거나 걸으면서 물길을 내기도 하고 막기도 합니다. 예전 같으면 운동장 험하게 한다고 혼이 날 일입니다. 비가 그치면 울퉁불퉁해진 운동장을 고르는 작업은 오롯이 맨발의 영호 몫입니다.

2000년대 초에 영호가 교대부초에 교사로 근무했을 때는 출근하면 양말을 벗어서 텔레비전 뒤에 던져 두고 하루 종일 맨발로 생활했습니다.

겨울에도 초지일관한 영호의 행동에 처음에는 의아해하던 아이들이나 동학년 선생님들도 곧 익숙해져 당연한 일이 되었습니다. 당시의 바닥은 한 변이 50센티미터인 정사각형의 카펫이라서 맨발로 생활하기에 좋았습니다.

1990년대 중반에는 여름 방학 때는 선배 두 명과 속리산을 오르다가 중턱 부근의 상점에 신발을 맡기고 맨발로 정상을 오른 적도 있습니다.

축구를 좋아했던 초등학생 영호는 비가 오는 날이면 맨발로 축구를 한 기억이 가장 새롭습니다. 질퍽한 운동장을 뛰는 기분은 경험해 보지 않고는 알 수가 없습니다.

그리고 초등학교 고학년부터 중학교 시절에는 모내기 철이면 맨발로 무논을 운동장마냥 돌아다닌 기억도 뚜렷합니다. 허벅지까지 바지를 걷어 올리고 모내기를 할 모를 이리저리 옮기는 작업을 하다 보면 피를 빨아먹는 거머리가 몇 마리 붙었는지도 모르게 시간이 흐르기도 했습니다. 사람과 소로 농사일을 하던 1970년대의 모내기 작업에는 맨발과 맨손이 안성맞춤이었습니다.

비 오는 운동장에서 맨발 축구를 하거나 무논에 맨발로 이리저리 바쁘게 다니던 정경은 이제는 다시 돌아갈 수 없는 추억의 한 장면입니다.

맨발은 '다른 것이 없는'의 뜻의 접두사인 '맨'과 명사인 '발'이 합쳐진 말입니다. 그래서 맨발은 '아무것도 신지 아니한 발'이라는 뜻과 적극적인 의미도 있습니다. 그래서 맨발의 청춘, 맨발의 기봉이, 맨발의 영광, 맨발의 승리, 맨발의 꿈 등과 같이 작품의 제목으로 애용되기도 합니다.

그래서 영호의 맨발은 양말도 신발도 신지 않은 발의 맨발 걷기와 비가 오더라도 아이들 아침맞이를 적극적으로 하겠다는 의지의 일석이조이기도 합니다.

영호는 구두 대신에 실외 운동화 세 켤레, 슬리퍼 대신에 실내 운동화 한 켤레를 즐겨 신습니다. 2022년 5월 3일 화요일에 2학년 수업을 하는데, 여자아이가 손을 들고 묻습니다.

"교장 선생님, 오늘 아침에는 맨발이 아니던데 신발 찾았어요?"

"그래, 비가 그치니 신발이 저절로 제자리로 돌아왔어."

아이는 말 대신에 고개를 갸웃거립니다.

2023년 3월 23일 목요일에는 전날 밤부터 내리던 비가 출근길에도 계속되었습니다. 많이 내리는 것도 아니고 이슬비보다는 조금 굵은, 가랑비보다도 조금 더 굵은 비입니다. 봄 가뭄이 심해서 꼭 필요한 단비이기도 합니다. 꽃을 피우기 시작한 벚꽃잎이 떨어지는 꽃비는 아니라서 다행입니다. 비도 그리 많이 내리지 않고 벚꽃도 막 피기 시작해서 그런가 봅니다.

평소보다 조금 일찍 교문으로 나갔습니다. 체육복 바지로 갈아입고 무릎까지 바지를 걷어 올렸습니다. 스쿨존 주정차 금지 등의 문구가 새겨진 분홍빛 비옷을 입었습니다. 오른손에는 우산을 들고, 왼손에는 교통 신호봉을 들었습니다. 맨발입니다.

교문에서 교통 봉사를 하시는 어르신 서너 분을 만났습니다. 남자 어르신이 눈이 휘둥그레지시면서 묻습니다.

"안 추우니껴?"

"시원한데요."

눈이 더 커지면서 고개를 갸웃합니다. 옆에 있던 여자 어르신이 혼잣말처럼 합니다. 지난주에 영호에게 '참 멋집니다'라고 하신 분입니다.

"발 시릴 텐데…."

2학년 이상의 아이들은 영호의 맨발을 보고도 무덤덤합니다. 지난해에도 비가 오는 날이면 늘 보았던 익숙한 풍경입니다.

대곡중학교 여학생 두 명이 영호 앞에 서더니 호기심 가득한 얼굴로 말을 걸어옵니다.

"왜 맨발이세요?"

"비가 와서 신발이 사라졌네. 너희들이 신발 찾아 줄래?"

"예? ……."

두 여학생은 웃으면서 교문을 지나 대곡중학교 쪽으로 걸어갑니다.

좀 있으니 컵라면을 오른손에 든 남자 어르신이 지나가는 말을 합니다.

"시원하겠습니다."

"예, 시원합니다.

한두 발 뒤에서 걸어오던 여자 어르신이 말을 보탭니다. 아침 산책 중인 부부인 듯 보였습니다.

"추울 텐데…."

1학년 아이들과 엄마들은 처음 보는 광경에 질문을 쏟아내거나 억지로 웃음을 참습니다. 그 이전의 아이들과 같은 궁금증이자 호기심입니다.

"교장 선생님, 왜 맨발이세요?"

"교장 선생님, 신발은 어디 갔어요?"

"교장 선생님, ⋯⋯."

지나가는 사람들은 묘한 표정을 짓습니다. 애써 웃음을 참는 사람, 고개를 갸웃거리며 좀 이상하다는 표정인 사람, 위아래를 훑어보면서 이 사람 뭐지 하는 표정인 사람 등 봄비 오는 교대부초 교문의 아침입니다.

아이 맞이를 마치고 현관에 들어서니 청소를 하시던 여사님이 걱정을 합니다.

"교장 선생님, 못 같은 것에 찔리면 큰일 납니다."

"예, 찔리면 병원에 가지요."

"비가 많이 와야겠지요."

"예, 가뭄이 심해서 많이 왔으면 좋겠습니다."

수돗물에 발을 씻고 교장실에 들어오니 발바닥이 후끈거리기 시작합니다. 약간의 열도 나는 것 같습니다. 조용한 음악을 듣다가 살짝 졸면서 이런 생각을 했습니다.

맨손과 맨발로 온 인생인데, 맨손과 맨발로 가는 게 당연하겠지. 미리 맨발과 맨손 연습을 해 두는 것도 나쁘지 않을 거야. 영호는 늘 맨발이고 싶습니다.

교문정담

"사랑합니다. 아침 먹었어요?"

"교장 선생님, 사랑합니다. 아침 먹었습니다."

"오늘 아침은 뭘 먹었어요?"

"밥에 고기를 비벼서 먹었어요."

"아침부터 맛있게 먹었구나. 어머니 음식 솜씨가 좋은가 보다."

"예, 엄마가 음식을 잘해요."

"어머니 음식 솜씨가 좋으니 식구들 모두 행복하겠네. 식구는 몇 명이니?"

"어머니와 아버지, 고2 언니와 저, 그렇게 4명입니다."

"그렇구나. 공부 재미있게 하고 점심도 맛있게 먹어요."

2022년 7월 1일 금요일 아침에 교대부초 교문에서 6학년 김서림(가명)과 주고받은 이야기입니다. 서림이가 일찍 등교하는 편이라 이야기를 주고받을 시간이 있습니다. 아침 먹은 이야기를 할 때마다 메뉴가 바뀌는 걸로 봐서는 어머니의 집밥 정성이 대단한 것 같습니다. 그렇게 정성 가득한 아침을 먹고 어머니와 함께 차를 타고 와서 교문을 들어서는 서림이의 표정은 매우 밝습니다. 아침을 먹고 나서, 엄마가 태워 준 차에서 내릴 때 '고맙습니다, 사랑합니다'

라는 인사를 할 것도 부탁합니다.

교문은 아이들이 학교생활을 시작하는 출발점입니다. 영호는 아이들이 들어설 때마다 표정이나 걸음걸이, 손발에 깁스를 하지는 않았는지 등을 유심히 살펴봅니다. '사랑합니다'라는 인사를 하고는 아침을 먹었는지도 꼭 물어봅니다. 먹지 않았다는 아이들의 목소리가 조금 다릅니다. 하품을 하면서 들어서는 아이의 손을 잡고 자초지종을 물어보면 학원 숙제 등으로 잠이 부족한 상태입니다. 6학년의 한 아이는 제법 늦은 시간까지 부모님 가게에서 일을 도와준다고도 합니다.

영호는 몇몇 아이와는 매일같이 손을 잡고 여러 가지 이야기를 합니다. 그러다가 아이가 한 명 더 들어서면 서로 마주 보고 자기소개를 하게 합니다. 같은 반이거나 학년이 다른 것은 문제가 되지 않습니다.

소개를 마치면 칭찬을 주고받게 합니다. 그러면 서로 모르던 아이들도 금방 친해집니다. 그런 다음 손을 잡고 이야기를 나누며 교문을 들어서는 아이들의 뒷모습은 포도가 익어가는 영호의 고향인 김천의 싱그러운 포도밭 같은 풍경입니다.

교대부초에는 5학년과 3학년인 형제가 같이 다니는 집이 있습니다. 몸집만 다르지 생김새나 머리 모양이 쌍둥이 같습니다. 신호등을 건너온 형제의 이름을 부르면 영호 앞으로 옵니다. 영호가 오른

손을 들면 형제는 약속이나 한 것처럼 부초 어린이 다짐, 부초 학부모 다짐, 부초 교원 다짐을 막힘없이 외웁니다. 연이어 영호가 들고 있는 팻말에 한글과 영어 문장인 "용기와 두려움은 한 이불을 덮고 잔다."를 읽습니다. 그리고 영호와 몇 가지 이야기를 더 나누고 교문을 들어서는 형제는 동화 속의 의좋은 형제 그대로입니다.

영호가 어릴 적 대신초등학교를 다니던 시절 교문에 대한 추억은 같은 마을의 친구 10여 명과 함께 우르르 들어간 것 외에는 특별한 것이 없습니다.

아포중학교와 김천고등학교를 다닐 때는 모자와 교복 매무새를 고치고 선생님과 선도반의 눈치를 보면서 들어서던 기억이 납니다. 생활 담당 선생님은 오른손에 든 짧은 몽둥이를 왼쪽 손바닥에 탁탁 치면서 교문을 들어서는 아이들의 복장을 매의 눈으로 살폈습니다. 덩치 좋은 3학년 선도반 학생들이 어깨에 잔뜩 힘을 주고 장승처럼 버티고 선 교문이었습니다. 지금과는 퍽 다른 중고등학교의 교문 풍경입니다.

교대부초 교문 앞에는 우리 아이들뿐만 아니라 대곡중학교 학생들과 일반인들도 많이 다닙니다. 중학생 몇 명과는 매일같이 인사를 나눕니다. 중학교 선생님 한 분과도 인사를 주고받습니다. 아침 운동을 하고 출근하는 병원의 원장님과도 인사를 나눕니다. 학교와 붙어 있는 공원을 청소하는 분, 아침마다 교통 봉사를 하는 어

ㄹ신들과도 인사를 합니다. 교문은 만남과 인사의 장입니다.

교대부초의 교문은 늘 활기가 넘칩니다. 이 교문을 들어서기가 가장 힘들었던 아이는 정송건(가명)입니다. 5월 11일 수요일부터 정상적인 등교를 한 정송건이 친구의 손을 잡고 저만치서 걸어옵니다. 무슨 이야기를 하는지 마스크를 쓴 얼굴에 웃음이 가득합니다. 문득 두 아이의 이야기가 궁금했던 2022년 6월 30일 목요일의 교대부초 교문정담입니다.

교문정담(校門情談), 교대부초 행복 수업의 시작입니다.

영호의 여름 방학

"영호야, 오후에 소 먹이러 어디로 갈래?"

"파랏골(고향의 산 이름)로 가자."

"좋다. 오늘은 파랏골로 가자. 망태는?"

"망태도 가져가자. 오늘 오후에 소 먹일 풀을 베어 놓아야 내일 오전에 좀 놀 수 있잖아."

영호는 점심을 먹기가 바쁘게 왼쪽 어깨에 망태를 메고, 오른손에는 소고삐를 왼손에는 낫을 쥐고 산으로 갑니다. 친구들, 형님들 등 많게는 10여 명이 소를 몰고 줄을 지어 산에 오릅니다. 그늘이 좋은 곳에 도착하면 소고삐를 놓고 여름 한낮의 더위를 피합니다. 소들은 무리 지어 맛있는 풀을 찾아서 산을 오릅니다. 너무 늦지 않게 망태에 풀을 가득 채우고 어둑해지기 전에 소를 찾아 나섭니다. 소들은 무리 지어서 산등성이를 넘어가기도 합니다. 간혹 무리에서 홀로 떨어진 소를 찾지 못하면 밤새 온 마을 사람들이 소를 찾으러 나서기도 합니다. 풀이 가득한 망태를 어깨에 메고, 낫은 망태의 풀에 꽂고 소를 몰고 집으로 옵니다. 그런 날의 저녁은 어김없이 어머니표 손칼국수입니다. 6학년 영호의 여름 방학 일상이었습니다.

학교 가는 길 집으로 가는 길

날을 정해서 온 가족이 참깨를 벱니다. 참깨 줄기를 뿌리에서 10에서 20센티미터 위에서 사드고, 미처 떨어지지 않은 잎은 떼어 냅니다. 적당하게 묶은 다발은 네 개씩 묶어서 발을 벌려서 말립니다. 잘 말린 참깨 묶음을 거꾸로 들고 막대기로 톡톡툭툭 치면 하얀 싸라기눈이 내리듯 소복하게 쌓입니다. 그런 참깨를 말리고 물에 걸러서 돌과 불순물을 제거하고 다시 말립니다. 방앗간에 고소한 냄새가 진동할 때 비로소 참기름이 됩니다. 참기름의 고소함은 농부의 땀과 정성 그리고 발자국 소리 덕분입니다.

참깨를 베는 날이었습니다. 전날 비가 많이 와서 낫질을 해도 자꾸만 뿌리까지 올라왔습니다. 뿌리까지 딸려온 참깨를 왼손에 쥐고 오른손에 쥔 낫으로 내리치면서 뿌리를 잘랐습니다. 번거롭기도 하고 짜증이 나기도 합니다. 그런 작업을 반복하다가 왼손에서 따끔하다는 느낌이 들었습니다. 왼손의 가운뎃손가락의 관절 부분에서 피가 나기 시작했습니다. 급하게 입으로 피를 빨아서 멈추게 하고는 옷을 잘라서 동여매었습니다. 집에 와서 된장을 바르고는 다시 헝겊으로 감쌌습니다. 그 여름 방학이 끝나기 전에 손은 다 나았습니다. 하지만 지금도 2센티미터 정도의 상처가 선명한 왼손의 가운뎃손가락은 힘을 주지 않으면 똑바로 펴지지가 않습니다.

여름 방학 숙제는 곤충 채집, 식물 채집도 있었습니다. 숙제를 빠짐없이 모두 한 기억은 없습니다. 집안일 거들고 친구들과 놀다 보면 숙제를 하거나 다른 공부를 할 시간이 그리 넉넉하지 않습니다. 1970년대 시골 마을이니 지금 아이들이라면 누구나 다니는 학원은 이름조차 없을 때입니다.

방학을 마치고 2학기를 시작하는 날은 9월 1일이었습니다. 숙제를 하지 못한 친구들은 느티나무나 미끄럼틀 밑에서 친구의 숙제를 보고 베끼기에 바쁜 개학일이기도 합니다. 이런 영호의 여름 방학은 아련한 추억이 되었습니다.

대구교대부설초도 2022년 7월 22일 금요일에 여름 방학식을 했습니다. 2학기 개학식은 9월 6일 화요일입니다. 방학 기간이 조금 긴 것은 학교의 공사 때문입니다.

지난해 여름 방학 때 5, 6학년 교육 활동 공간 혁신에 이어서 이번 여름 방학에는 3, 4학년 교육 활동 공간 혁신이 진행 중입니다. 지붕과 함께 화장실도 공사가 진행 중이고 과학실도 새롭게 단장 중입니다.

방과 후 교육 활동을 하는 아이들과 돌봄 교실 아이들은 방학 중에도 학교에 나옵니다. 이것저것 걱정되는 것이 많은 여름 방학입니다.

방학 전에 시공업체 관련자와 여러 차례 협의를 하고, 공사 중에도 의논할 일이 많습니다. 공사와 관련된 분들께는 항상 드리는 말씀이 있습니다.

"안전하게 공사해 주세요. 그리고 이 학교에 내 손자 손녀나 내 아들과 딸이 다닌다고 생각하고 시공해 주세요. 그리고 학교에서는 절대 금연입니다."

그렇지만 영호의 바람대로 공사가 그렇게 호락호락하게 진행되는 것은 아닙니다.

학생인 영호의 여름 방학이나 교원인 영호의 여름 방학도 이번과 다음 해 한 번이면 끝이 납니다. 영호에게는 끝나는 여름 방학이 아쉽기도 하지만, 어떤 새로운 여름 방학이 있을지 기대가 됩니다.

영호의 새로운 방학은 화양연화이길 소망합니다.

영호의 추석

영호의 추석은 초등학교에 입학하기 전부터 아버지의 벌초를 따라다니는 것으로 시작되었습니다. 정확한 기억은 없지만 연필보다 낫자루를 먼저 잡은 것도 같습니다.

지금 생각해 보면 아버지는 20여 기의 산소 벌초를 당신 혼자서 하셨습니다. 속정이 깊은 아버지는 후손이 끊긴 묘 두어 기도 함께 벌초를 했습니다. 예초기가 나오기 전까지의 벌초는 낫과 톱, 갈퀴 등으로 사람의 힘으로만 이루어지는 고단한 작업이었습니다.

아버지는 말동무 겸 벌초 보조로 어린 영호를 데리고 다녔습니다. 이르게는 추석을 한 달 정도 앞두고 벌초를 시작했던 것 같습니다. 영호가 지게를 진 아버지를 따라 벌초를 할 산소에 도착하면 멀리 경부선이 보이고 그 너머로 낙동강의 지류인 감천이 흐릅니다.

아버지가 낫으로 풀을 베면 영호는 산소 주변의 망개나무(정확한 이름은 청다래덩굴이며, 잎에 떡을 싸서 찐 떡이 망개떡이다. 실제 망개나무는 따로 있다.) 열매인 망개나 개금나무의 열매인 개금을 따 먹기로 합니다. 자라면서 낫질이나 갈퀴질을 하기도 했습니다. 그렇게 벌초가 끝나면 영호의 추석이 가까워졌습니다.

학교 가는 길 집으로 가는 길

추석 음식 준비는 어머니의 시간입니다. 영호가 결혼을 한 뒤에는 아내가 도왔습니다. 제사를 지내는 집은 세 집에서 네 집이 되었다가 또 세 집이 되기도 했습니다.

평소에 먹지 못했던 기름진 음식을 맛보는 게 추석이었습니다. 어려도 공식적인 음복이 허용되는 날이니 술맛을 조금 알아 가는 날도 추석이었습니다. 어쩌다 김천의 아랫장터에서 신발이나 옷을 하나라도 장만하는 추석이면 말 그대로 한가위가 되었습니다.

그렇게 세월이 흘러 이제는 영호가 모든 것을 결정하고 준비해야 하는 시간이 되었습니다. 한때는 친척들이 모두 모여서 벌초를 했습니다. 최근 몇 년 동안 벌초는 영호와 동생 둘이서 했습니다. 이런저런 이유가 있었지만 코로나가 결정적인 역할을 했습니다. 올해는 모두 16기의 산소를 벌초했습니다. 어릴 적 아버지를 따라다녔던 산소들에 합장한 부모님의 산소도 더해졌습니다. 아버지가 했던 후손 없는 산소는 그 자리를 찾지 못해서 더 이상 벌초를 하지 않습니다.

30여 년 전부터 벌초의 필수품은 예초기입니다. 처음 예초기를 사용한 날은 손이 너무 떨려서 수저를 제대로 잡을 수 없었던 기억도 있습니다. 하지만 이제는 예초기를 아주 능숙하게 사용합니다. 벌초를 할 때만 사용하는 것이 아니라 평소 밭에 난 풀을 제거하는 데도 자주 사용하기 때문입니다. 아버지의 벌초는 평균 10일 이상이 걸렸습니다. 지금 동생과 하는 벌초는 하루면 충분합니다.

2022년 9월 4일 일요일에는 김장용으로 8월 13일 토요일에 씨를 뿌려서 키운 배추와 무를 솎았습니다. 물김치를 담기에 적당한 크기로 자랐습니다. 모두가 동생의 지극정성 덕분입니다. 배추와 무를 솎고 다듬는 것은 누나들 몫이고, 씻는 것은 영호가, 아내는 양념을 준비하는 등의 분업으로 물김치를 담았습니다. 맛있는 물김치를 누나들께 넉넉하게 드렸습니다.

출발하기 전에 고향 집 마당 이곳저곳에 둘러앉아 잠시 이야기를 나누었습니다. 외가 쪽에 추석 선물을 두 가지씩이나 준비해 준 대구에서 초등학교 교사를 하고 있는 생질녀(큰누나 딸)인 이수진에게 전화를 해서 고맙다는 인사를 하고 마당에 둘러앉은 모두와도 돌아가면서 스피커폰 통화를 했습니다. 추석을 앞둔 김가네 풍경입니다.

추석 음식도 넉넉하게 준비를 했습니다. 제사가 없는 누나들이 아내와 함께 음식을 장만합니다. 제사는 고향 집에서만 지냅니다. 간편하기는 하지만 조금 아쉽기도 합니다. 추석 다음날에는 누나들 식구가 옵니다. 명절마다 선물을 준비하는 수진이네 가족이 올 때도 있습니다. 넉넉한 음식 덕분에 마음이 푸근합니다. 추석 사흘 뒤가 어머니의 기일입니다. 또 추석 같은 음식 준비가 되풀이됩니다.

벌초를 언제까지 지금과 같이 할 수 있을지 생각해 봅니다. 추석 음식이나 다른 것도 마찬가지입니다. 그래서 옛것을 익히고 그것을 미루어서 새것을 안다는 온고지신(溫故知新)을 생각해 봅니다.

벌초나 추석 풍경이나 온고지신이 필요합니다. 우리의 모든 일상에
서도 온고지신이 필요합니다. 영호는 이번 추석에 온고지신을 곰
곰이 되새겨 봅니다.

영호의 다음 추석은 어떤 모습일지 궁금합니다.

영호의 겨울 넘나들기

"영호야, 내일 오전에는 어디로 갈래?"

"오늘은 파랏골(산 이름)에서 했으니 내일은 정골(산 이름)로 가자."

"그래. 그게 좋겠다. 그쪽이 다니기도 좋고, 깔비(말라서 땅에 떨어져 수북이 쌓인 솔잎의 의미인 솔가리의 사투리)도 많을 것 같다."

50여 년 전 초등학교 6학년인 영호가 산에서 땔감용 나무를 하고 잠시 쉬면서 친구와 나눈 이야기입니다. 겨울 방학에는 오전과 오후에 땔감용 깔비를 했습니다.

5학년 때부터 지게질을 해서 6학년 겨울 방학에는 지게를 지고 이 산, 저 산에 가서 땔감을 하는 게 일상이었습니다. 나무를 한 짐 한 후에 점심으로 시래깃국에 밥을 넣고 고추장으로 비벼 먹었던 그 맛을 잊을 수 없습니다.

6학년 때 영호가 가장 많이 한 운동은 축구입니다. 공부를 마치면 학교에 하나밖에 없었던 축구공으로 매일같이 축구를 하다 보면 어느새 여름 방학이 되고 겨울 방학이 되었습니다.

정월 대보름이 되기 전부터 깡통으로 쥐불놀이를 하고 수수깡으로 농기구를 만들면서 훌륭한 농부의 꿈을 다지기도 했습니다.

고향 산처에 눈이 오면 며칠 동안은 땔감 걱정은 접어 두고 아버지를 도와 새끼를 꼬고 가마니 짜는 것을 돕기도 했습니다.

　6학년이었던 영호는 60대가 되었습니다. 어려서부터 일찍 일어나는 게 습관이 되어서 그런지 지금도 아주 일찍 일어납니다. 휴대폰의 알람 시각은 첫 숫자와 마지막 숫자를 같게 하는 버릇이 있습니다. 그래서 영호의 첫 알람은 4시 44분입니다.

　혼자 아침을 먹고 출근을 하면 7시 전후에 학교에 도착합니다. 여름이나 겨울이나 일정합니다. 기온이 영하로 떨어지면 각 교실을 돌아보면서 난방을 합니다. 아이들과 선생님들은 기분 좋은 따뜻함이 가득한 교실에서 하루를 시작합니다.

　교장실에 끓인 차에 꿀을 조금 넣어서 학교 주사님과 보안관님께 한 잔씩 드리고 교문으로 나갑니다. 그렇게 한 시간 정도 아이들 아침 맞이를 하고 급식실과 교무실에 들렀다가 교장실에 들어옵니다.

　수업이 없는 날에는 결재를 하고 공문을 확인합니다. 다시 교장실을 나서서 학교 담장을 따라 한 바퀴를 돌아봅니다. 학교를 이전한 게 25년이 지나서 여기저기 손볼 곳이 많습니다. 도서관 자원봉사를 하시는 학부모님께 인사를 드리고 교실을 돌아봅니다. 2년 전에 외벽과 창호 공사를 마쳤고 아침에 미리 난방을 해서 교실과 복도는 따뜻합니다.

　지나가다 보면 쉬는 시간이기도 하고, 체육을 마치고 교실로 들어오는 아이들을 만나기도 합니다. 1학년 교실에서는 자칭 1학년 씨름왕인 조○○와 씨름을 합니다. 1승 1패 이후에 진행되는 씨름은 계속 무승부입니다.

점심시간에는 운동장에서 축구를 합니다. 어떤 날은 6학년, 또 다른 날은 5학년과 합니다. 어려서 축구를 많이 했고, 전임지인 교동초에서 맨발 축구를 많이 한 덕분에 아이들과 잘 어울릴 수 있습니다.

약속이 있는 날에는 정시에 퇴근을 하지만, 남아서 책을 보거나 글을 쓰기도 합니다. 늦게 남아서 수업 연구를 하는 선생님들과 저녁을 먹는 일도 자주 있습니다. 그러다 보면 퇴근이 늦어집니다.

교대부초는 2023년 1월 18일 수요일에 졸업식과 종업식을 하고 방학을 했습니다. 3~4학년 공간 혁신 때문에 여름 방학이 길어졌습니다. 그러다 보니 겨울 방학과 봄 방학을 합쳤습니다. 11월에 교육부 공간 혁신 공모에 선정이 되어서 겨울 방학에는 1~2학년 공간 혁신 공사를 하고 있습니다. 전화위복이 된 셈입니다.

방학 전에 시공업체 관련자와 여러 차례 협의를 하고, 공사 중에도 의논할 일이 많습니다. 공사와 관련된 분들께는 항상 드리는 말씀이 있습니다. "안전하게 공사해 주세요. 그리고 이 학교에 내 손자 손녀나 내 아들과 딸이 다닌다고 생각하고 시공해 주세요." 마침 시공업체의 친척들이 우리 학교를 많이 다녔고, 책임자는 우리 학교에 지원해서 떨어졌다고 합니다. 그래서 그런지 지금까지 볼 수 없었던 성실한 시공이 이루어지고 있습니다.

6학년인 영호의 겨울은 축구와 나무를 하고 쥐불놀이를 즐기면서 끝났습니다. 교원인 영호의 겨울은 이번이 마지막입니다. 이제 자연인으로 돌아가는 영호에게 어떤 겨울이 기다리고 있을까요?

자연인인 영호의 겨울도 늘 화양연화이길 소망합니다.

아내의 퇴직

2022년 2월 28일 오늘은 공식적으로 아내가 퇴직을 하는 날입니다. 정년은 3년이 남았지만 38년 이상의 초등 교사를 마무리하는 날입니다. 몇 년 전부터 명예퇴직을 하고 싶다고 할 때마다 당신 같은 사람이 교사로 정년퇴직하는 게 좋겠다고 말렸습니다. 하지만 지난해 다시 명예퇴직을 하겠다고 했을 때는 더 이상 말리지 않았습니다. 올해는 아내가 환갑입니다.

아내는 참 열정적인 사람입니다. 학교 아이들에게 사랑과 정성을 다했습니다. 연구부장을 할 때는 갑질을 하는 관리자와 다투는 것도 마다하지 않았습니다. 영호가 생각하기에도 수업을 참 잘하는 교사입니다. 저학년이나 고학년 등 어떤 학년을 하더라도 아이들과 잘 어울렸습니다. 20여 년 전의 제자의 주례를 하는 등 졸업한 제자들과도 꾸준히 소통을 했습니다.

아내는 음악적인 재능이 많은 교사입니다. 몇 년 동안 음악과 수석 교사도 했습니다. 드럼, 하모니카, 팬플룻 등을 제법 잘 연주합니다. 장구와 꽹과리 등을 연주할 때면 신명이 넘칩니다. 50 이전에는

40여 명의 농악놀이와 사물놀이 등을 혼자 지도하기도 했습니다. 아이들을 가르치면서 장구와 꽹과리, 빗내농악 등을 배우는 교학상장이 일상이기도 했습니다.

아내는 춤에도 소질이 있었습니다. 초임부터 운동회 때 무용은 도맡아서 했습니다. 부채춤 등의 안무를 직접 할 만큼 소질이 있었습니다. 2000년대 이전만 해도 학년 초에 가장 꺼리던 업무가 운동회 때 무용이었습니다. 개인적으로 에어로빅을 20년 이상 계속해서 리듬 감각이 좋습니다. 코로나19 이전에 지인들과 노래방을 가면 노래보다는 춤으로 모두를 사로잡곤 했습니다.

아내는 운동 신경이 아주 좋습니다. 초중학교를 다닐 때 왕복 30여 리의 길을 걸어서 다닌 덕분인지 달리기도 잘합니다. 영호 때문에 배운 배드민턴은 영호보다 급수가 높은 A급입니다. 배드민턴 클럽 야유회서 여자들 달리기를 하면 늘 우승입니다. 몇 년 전에 수술을 한 뒤로는 하루에 이만 보 가까이 걷는 게 일상이 되었습니다. 요즘은 처형들과 파크 골프를 재미있게 하고 있습니다. 취미가 하나 더 늘었습니다.

무엇보다 고마운 게 부모님께 효도하고 자식 건사한 일입니다. 아이들이 유치원에 들어가기 전에는 시골에서 부모님들과 함께 살았습니다. 분가를 하고서도 주말에는 늘 시골에 갔습니다. 돌아가신

부모님들이 며느리를 참 좋아하셨고 자랑스러워하셨습니다. 동네의 어른들과도 잘 지냈습니다. 손도 빠르고 통도 크고 솜씨 좋은 아내 덕분에 지금도 김가네와 영호의 지인들은 여러 가지로 즐거울 때가 많습니다.

아내가 관리자가 되었으면 영호보다 훨씬 잘했을 거란 생각을 합니다. 말도 조리 있게 잘하고 대인관계도 아주 원만합니다. 부모님께 효도하고 자식 건사하고 영호를 내조하느라 주로 구미에서 근무하고 김천시와 칠곡군에서 잠깐 근무를 했습니다. 경북에서 벽지 점수가 없으면 관리자가 되기 어렵습니다. 하지만 어떤 자리가 중요한 것이 아니라 어떻게 하는 게 중요한 것이니….

대구교대 1학년 때 아내를 만났습니다. 영호는 대신에서 아내는 구미에서 대구까지 기차 통학을 했습니다. 1981년의 일입니다. 41년 전의 일입니다. 강산이 네 번이나 변할 시간이 지났으니 참 많은 일이 있었습니다. 좋은 일도 힘든 일도 다 지난 일입니다. 어제도 오늘이고 내일이었고 오늘도 내일이었고 어제가 되겠지만, 오늘에 충실한 삶을 생각합니다. 아내에게 고맙고 미안한 이월의 마지막 날입니다.

이영숙, 사랑합니다.

소작농의 아들이 교장이 되었습니다

"아버지를 닮아서 인물이 좋네."

"그러게, 어른은 훤칠했고, 모친은 마음씨가 참 좋았지."

2022년 5월 7일에 복숭아나무에 뿌릴 농약을 사려고 부모님 때부터 단골로 거래를 하던 김천의 중앙농약종묘사에 들렀다가 일흔이 넘은 사장 부부에게 들은 말입니다.

어릴 때 한쪽 눈을 실명한 어머니(고 임외분)는 아버지(고 김달수)와 함께 60년 이상을 경북 김천시 아포읍 대신리에서 농사꾼 부부로 살았습니다. 2012년에 어머니께서 돌아가시고, 2년 뒤에 아버지께서도 어머니 곁으로 가셨습니다. 그리고 소작농의 아들이자 오남매(임숙, 남순, 흥숙, 영호, 영규)의 장남인 저는 대구교육대학교대구부설초등학교의 교장이 되었습니다.

부모님은 자나 깨나 장남인 영호 걱정이었습니다. 영호는 초등학교에 들어가기 전에 부스럼이 많았습니다. 고된 농사일을 마친 어머니는 저를 업고 캄캄한 산길을 돌아서 이웃 마을 동네 의원을 오갔습니다.

여름철 밤에는 십여 리 떨어진 외갓집을 갔다가 돌아오는 길에 졸음을 이기지 못하는 저를 업은 것은 아버지의 푸근한 등이었습니다. 고갯마루 성황당을 지날 때면 모두가 작은 돌 하나씩 주워서 던졌던 것이 어느덧 반 백 년이 더 지났습니다.

영호는 공부를 곧잘 했습니다. 아포중학교 2학년 중간고사에서 360여 명 중에 2등을 했습니다. 자랑을 하고 싶었던 영호는 다음 날 모내기를 할 논 장만을 마치고 지게에 써레를 지고 소를 몰아 동네 어귀에 들어선 아버지 마중을 나갔습니다. 소고삐를 받아 든 제가 말했습니다.

"아버지 저 2등 했어요."

"잘했네. 반에서 2등을 했구나."

"반에서 2등이 아니고 2학년 전체에서 2등을 했어요."

아버지는 2학년 첫 시험에서 반에서 7등을 했던 영호가 당연히 반에서 2등을 한 것으로 지레짐작을 한 것입니다. 그날 저녁 먹었던 어머니의 칼국수는 그 후로 제가 여름철에 사흘을 멀다 하고 먹는 최애 음식이 되었습니다.

땅이 그리 넉넉하지 않았던 부모님은 제가 김천고등학교에 들어가기 전까지 마을에서 가장 부잣집의 소작을 했습니다. 저도 가을에는 부잣집에서 벼 타작을 하고 밤늦도록 짚낟가리를 쌓는 것을 도왔습니다. 두 분은 소작을 하며 겸손했지만 당당했습니다. 영호도 단 한 번도 부끄럽다고 생각하지 않았습니다.

5학년 때 아버지가 만들어 준 영호의 지게는 지금은 그 흔적도 없지만, 삶의 무게를 감당해야겠다는 의지의 상징이기도 합니다. 부모님의 부지런함과 세 분 누님들의 헌신으로 집안 살림이 점차 나아지고, 영호와 남동생인 영규는 대학까지 졸업을 했습니다.

부모님은 초등학교 교사인 며느리(이영숙)를 참 좋아했습니다. 아내도 부모님께 진심을 다했습니다. 아버지의 환갑잔치를 하기 전에 손자인 광섭이가 태어났습니다. 80년대의 농촌의 환갑잔치는 건강의 상징이자 약간의 자랑과 과시의 장이기도 했습니다. 아들과 며느리가 교사이고 친손자까지 태어나니 부모님은 무척이나 좋아하셨습니다. 돼지를 네 마리나 잡고 환갑잔치를 했습니다.

고향집 앞 골목에서

3년 뒤에 손녀인 유정이가 태어났습니다. 시골집에서 몇 년 동안 3대가 함께 생활했습니다. 어머니는 아이들의 천 기저귀를 빠는 일을 하며 한 번도 싫은 내색을 하지 않았습니다. 한 번은 광섭이가 감기에 걸려서 콧물을 많이 흘리니 천으로 닦으면 코밑이 짓무른다면서 감기가 다 나을 때까지 당신의 혀로 콧물을 훔쳐 냈습니다.

누구도 세월 앞에 장사는 없나 봅니다. 사과 농사, 자두 농사, 벼 농사, 밭농사 등으로 당신의 몸 돌보지 않고 지게질과 호미자루를 놓지 않았던 부모님은 이곳저곳이 아프기 시작했습니다. 병원에 입원하는 일도 잦았습니다. 큰 수술도 했습니다. 그럴 때마다 아내가 지극정성으로 간호를 했습니다. 동생도 동분서주했습니다. 2000년 중반부터는 동생이 농사일을 하고 저도 주말에 거들었습니다. 그러다가 2021년에는 영호 혼자 30년 된 자두나무 100여 그루를 베고 새로운 농사를 위해 품종을 바꾸었습니다.

부모님은 영호가 교장이 되는 것을 무척이나 보고 싶어 했습니다. 하지만 부모님이 돌아가시고 한참 뒤에야 교장이 되었습니다. 부모님의 생전 바람처럼 오 남매가 미리 모아 둔 돈으로 고향 마을에서 넉넉하게 잔치도 했습니다.

그리고 늘 유언처럼 말씀하신 형제간에 우애 있게 지내란 말도 잘 실천하고 있습니다. 주말이면 시골집에 모여서 가족애를 나누

학교 가는 길 집으로 가는 길

는 누님들과 온갖 먹거리를 재배하고 푸근하게 나누는 인정 많은 동생에게 고마움을 전합니다. 늘 저와 동행하는 아내 이영숙도 참 고맙습니다. 김치와 60년이 지난 씨간장 등은 누구에게나 인정받는 김가네 맛꼬방입니다. 이 모든 게 부모님 덕분입니다.

5월 8일 어버이날에 아내와 함께 부모님 산소를 찾았습니다. 산소는 아버지가 돌아가시기 전에 미리 터를 잡았습니다. 고향 집에서 200여 미터 떨어진 볕이 잘 들고 앞이 트인 밭의 중간에 있습니다. 일주일에 한 번은 시골에 가면 꼭 들르는 곳입니다. 고향 집에 사는 동생은 매일 들릅니다.

그렇게 부모님은 평생 호미질과 괭이질을 하던 옥전에 합장으로 편히 잠들었습니다. 아내와 같이 절을 하고 준비해 간 꽃을 심은 뒤에 멀리 흐르는 감천을 보면서 나란히 앉았습니다.

"여보, 당신 나이가 몇이야?"

"이 사람이 새삼스럽게. 나는 작년에 환갑이었고 당신은 올해 환갑이잖아."

"벌써 그렇게 되었어요."

"그래, 세월 참 빠르지."

"광섭이 낳은 해에 아버님 환갑잔치하고, 유정이 돌잔치를 하던 때가 엊그제 같은데…"

영호는 대답 대신에 고개를 돌려서 부모님 산소를 보았습니다.

부모님, 많이 그립습니다.

보고 싶습니다.

사랑합니다.

학교 가는 길 집으로 가는 길

교대부초 제일 머슴의 공약

대구교대를 다닐 때 교대부초는 대학의 한가운데 있었습니다. 막연하게 교대부초의 선생님을 하고 싶다는 생각을 했었습니다. 그 막연한 꿈이 현실이 되었습니다. 1999년 3월 1일부터 대구교육대학교대구부설초등학교에서 6년을 근무했습니다. 교대부초는 1998년 12월 16일에 교육대학서 현재의 위치로 이전을 했습니다. 교육 실습의 추억, 수업에 대한 자각, 겸손 등을 배운 나날이었습니다.

교대부초에 교사로 근무를 하면서 또 막연하게나마 교대부초의 교감도 하면 좋겠다는 생각을 했습니다. 공립학교 교사를 거쳐 교육 전문 직원 생활을 마치고 공립 학교 교감이 되었습니다. 2014년 9월 1일부터 2년 동안 교대부초의 교감으로 근무했습니다. 2014학년도 겨울 방학에 선생님들과 수업 철학이 반영된 지금의 교수·학습안을 작성해서 2015년 3월부터 적용을 했습니다. 대구시 내 초등학교에 안내를 해서 학교마다 재구성해서 사용하기도 했습니다.

2015년 4월 1일에는 인성 교육 중심 협력 학습 전국 워크숍을 개최했습니다. 전국에서 1,400여 명이 참석하는 대성황을 이루었습니다.

2016년 9월 1일부터 대구광역시남부교육지원청 초등지원과장으로 근무하다가 2019년 3월 1일부터 대구교동초등학교 교장으로 발령을 받았습니다. 1년 동안 모든 학반에서 용행칭사(용기+행복+칭찬+사랑) 주제로 네 시간의 수업을 했습니다. 아침에서 아이들을 맞이하고 맨발 축구도 열심히 하였습니다.

2020학년도는 코로나19 때문에 개학이 늦어지고 늦어졌습니다. 모두가 힘든 시기였습니다. 1학기가 마치기 전에 교대부초 교장 전입에 대한 공문이 접수되었습니다.

교대부초의 교장은 공모는 아니지만 공모와 똑같은 형식과 절차로 진행되었습니다. 교장 지원서, 경력 및 활동 실적, 자기소개서, 학교 경영 계획서를 준비했습니다. 내용은 영호가 다 준비를 하고 문서 편집 등의 작업을 후배 세 명이 자신의 일같이 도와주었습니다.

마침 대구광역시교육청 정책기획단 다품분과 분과장을 맡고 있어서 몹시 바빴지만, 때를 맞춰서 지원서를 제출할 수 있었습니다. 밖에서는 누구누구가 지원한다더라 등의 말들이 많았습니다.

지원자는 영호 혼자였습니다. 2020년 7월 20일 월요일 오전에 대구교대에서 총장님과 교무처장님, 학생처장님 앞에서 40여 분 동안 면접을 했습니다. 한여름에 조금 몸에 조이는 양복을 입고 면접을 보았습니다. 학생처장님과 교무처장님이 어깨의 승모근이 발달해서 아주 건강해 보인다며 편하게 면접을 시작했습니다. 지원서에 적힌 '교대부초 교장이 된다면 이렇게 하겠습니다'를 중심으로 자신 있게 대답을 했습니다. 그렇게 2020년 9월 1일부터 대구교육대학교대구부설초등학교 교장이 되었습니다.

3년 전의 지원서를 보면서 전입 공약의 이행 정도를 생각해 보았습니다. 다음은 교대부초 전입 공약입니다. 학년도가 바뀔 때마다 선생님들께도 공유한 내용입니다. 3가지 영역에 14가지의 공약입니다.

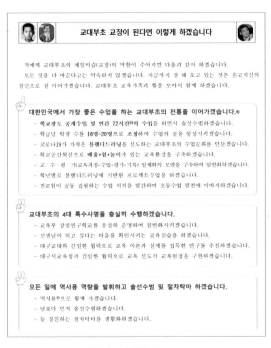

영호의 교대부초 전입 공약

[먼저 대한민국에서 가장 좋은 수업을 하는 교대부초의 전통을 이어가겠습니다]의 영역입니다. 여기에서 7개의 세부 공약이 있습니다.

이것을 바탕으로 비전을 만들었습니다. 그래서 비전은 대한민국에서 가장 좋은 수업을 하는 학교입니다. 교직원, 학생, 학부모, 대구의 많은 학교, 전국 국립대학교 부설초등학교에도 이 비전을 널리 공유하고 있습니다. 가장 좋은 부사와 형용사로 사전적 의미는 으뜸, 최고라는 뜻입니다. 하지만 우리의 비전은 그런 의미가 아닙니다. 점수로 '몇 점이다'라고 매기는 것이 아닙니다. 다른 학교와 비교하는 의미도 아닙니다. 우리 교원 한 명 한 명이 오늘은 어제보다 더 좋은 수업을 하고, 내일은 오늘보다 더 좋은 수업을 하겠다는 마음과 마음이 모인 결정체입니다. 그래서 우리 학교의 비전은 겸손과 열정으로 일신우일신 하는 절차탁마의 의미입니다.

학교장도 공개 수업 및 연간 72시간의 수업을 하면서 솔선수범하겠습니다. 전입하던 해에는 코로나19가 기승을 부리던 때입니다. 4, 5, 6학년에서 코로나19를 주제로 한 시간씩 수업을 했습니다. 6학년은 졸업을 앞두고 졸업을 주제로 한 시간의 수업을 더 했습니다. 2021학년도에는 용행칭사(용기+행복+칭찬+사랑)을 주제로 모든 학반에서 4시간씩, 72시간의 수업을 했습니다. 2022학년도에는 역사정감(역지사지+사랑+열정+책임감)을 주제로 모든 학반에서 4

시간씩, 72시간의 수업을 했습니다. 2023학년도에는 예존겸기(예의 +존중+겸손+끈기)의 주제로 모든 학반에서 4시간씩, 72시간의 수업을 준비하고 있습니다. 교육 실습 기간에는 해당 수업 주제로 교생 선생님들을 대상으로 공개 수업을 했습니다. 선생님들의 노고와 아이들을 이해하는 데 좋은 시간이었습니다.

학급당 학생 수를 16명~20명으로 조정하여 수업의 질을 향상시 키겠습니다. 학급당 학생 수가 24명이면 그리 많은 것은 아닙니다. 하지만 취학 아동 감소, 수업의 질 향상 등을 위해서 학생 수를 줄 이는 게 필요했습니다. 전국국립대학교부설초등학교의 현황을 파 악하고 교내의 의견을 수렴해서 학급당 학생 수를 4명 줄인 20명 으로 확정해서 학교운영위원회의 심의를 받고 대구교육대학교에 보고를 했습니다. 그래서 2022학년도 신입생부터 학급당 20명(남 자 10명, 여자 10명)인 60명을 선발하고 있습니다. 학생 수를 줄이고 나니 예정하지 못했던 문제가 생겼습니다. 왜 우리 아이가 초등학 교에 들어가는 시기에 모집 인원을 줄이느냐는 예비 학부모들의 항의 전화가 많았습니다.

코로나19가 가져온 블랜디드 러닝을 선도하는 교대부초의 수업 문화를 만들겠습니다. 2021학년도에는 20회의 실시간 스트리밍 수 업 공유 및 유튜브에 탑재를 했습니다. 2022학년도에는 과감하게 전국 최초로 대면 수업 공유를 했습니다. 대면과 동시에 실시간 스트리밍 수업 공유, 녹화 동영상 유튜브 수업 공유의 3가지 방법으로 23회의 수업 공유를 했습니다. 공유 대상은 교육부, 대구교육대학교, 대구광역시교육청 초등학교, 전국 국립대학교 부설초등학교 등입니다. 2023년도에는 수업 공유를 실시하고 있습니다.

학교 공간 혁신으로 배움+쉼+놀이가 있는 교육 환경을 구축하겠습니다. 전입하던 2020년 9월에는 여름에 시작한 운동장 공사가 10월 말까지 이어졌습니다. 트랙은 넥스트 코트가 이중으로 시공되었고, 필드는 최신의 인조 잔디가 깔렸습니다. 그해 겨울 방학에는 24억의 예산으로 외벽과 창호 공사가 있었습니다. 지금까지 경험한 학교 공사 중 가장 마찰이 많았고 어려움이 컸던 공사였습니다. 2021학년도 여름 방학에는 교육부 공모 사업인 5~6학년 공간 혁신 공사를 마쳤습니다. 2022학년도 여름 방학에는 교육부 공모 사업 예산 8억으로 3~4학년 공간 혁신을 마쳤습니다. 연이어 겨울 방학에는 교육부 공모 사업 8억 5천만 원으로 1~2학년 공간 혁신을 마쳤습니다. 1~2학년군은 놀이 중심 학습 환경, 3~4학년군은 유연한 학습 환경, 5~6학년군은 스마트 학습 환경으로 구축이 되었습니다.그 사이에 지능형 과학실 등의 공간 혁신도 마쳤습니다. 실내의 공간 혁신은 거의 마무리가 되었습니다. 이제 교문과 후문, 인도, 급식실 위의 증축 등의 공간 혁신이 남았습니다.

교수평기(교육 과정+수업+평가+기록)의 일체화의 모델을 구축하여 일반화하겠습니다. 교대부초에서 사용하는 수업은 수업 그 자체의 좁은 의미도 있지만, 교수평기 일체화의 넓은 의미로 사용하고 있습니다. 이전에는 교육 과정과 좁은 의미의 수업은 아주 높은 수준이었습니다. 하지만 평가와 기록은 보완해야 할 것이 많았습니다. 그래서 교수평기 일체화의 자료집인 꽃사슴 배움터를 제작해서 생활본과 합본을 했습니다. 2021학도부터 시작한 꽃사슴 배움터는 학부모들에게 아주 좋은 반응을 얻었습니다. 학년군의 교과별 모든 성취 기준, 교대부초의 4가지 프로젝트 수업, 서술형 평가 등이 모두 포함되는 오프라인 학습의 과정과 평가의 기록입니다. 한편, 온라인 학습의 과정과 결과는 구글 클래스룸에 저장이 되어 있습니다. 그래서 우리의 온·오프라인 학습의 과정과 결과는 꽃배GC에 저장되어 있습니다. 꽃사슴 배움터와 구글 클래스룸은 우리 교대부초 아이들의 역사입니다.

학년별로 블렌디드 러닝에 기반한 프로젝트 수업을 하겠습니다. 이전까지 교대부초 수업의 최대 강점은 교과 수업이었습니다. 하지만 더 이상 교과 수업만으로는 새로운 미래를 준비하기에는 부족했습니다. 그래서 교대부초만의 프로젝트를 개발했습니다. 4가지 프로젝트는 생명과 환경, 메이커, 경제·금융, 문화·예술입니다. 학년별로 위계성을 가지도록 모든 교원이 함께 전 학년도의 프로젝트를 성찰하고 새 학년도에 반영하고 있습니다. 그 외에도 6학년은 제주도와 팔공산 수련원을 묶은 프로젝트와 졸업을 앞두고 초등학교 생활을 정리하는 프로젝트 수업을 운영했습니다. 프로젝트 수업은 학생과 학부모들의 만족도가 아주 높았습니다. 수업 공유도 4월과 9월에는 교과 중심, 그 외는 프로젝트 중심으로 공유를 하고 있습니다.

전교원이 공동 집필하는 수업 서적을 발간하여 초등 수업 발전에 이바지하겠습니다. 이 공약은 교감으로 근무하면서 하고 싶었던 일이었습니다. 여러 가지 문제로 출판을 하지는 못하고 수업 이야기 형식으로 인쇄소에서 제작하는 것으로 만족을 했습니다. 교장으로 근무하면서 선생님들과 머리를 맞대고 책 출판을 위한 준비를 했습니다. 수업에 대한 열정은 어디에도 뒤지지 않는 선생님들이라 그리 어렵지 않게 원고를 모을 수 있었습니다. 교비로 판매를 하는 책을 발간하려니 생각보다 문제가 많았습니다. 그래서 비매품으로 발간을 했습니다. 2020학년도의 기록인 첫 번째로 출간한 책 제목이 학교의 비전인 『대한민국에서 가장 좋은 수업을 하는 학교』입니다. 2021학년도에는 3월에 학생주도수업이라는 주제를 미리 공지를 했습니다. 그래서 두 번째 책은 『학생주도수업을 꿈꾸다』입니다. 두 번의 책을 출간하는 데는 현재는 대구광역시교육연수원 교육 연구사로 근무하고 있는 정혜정 선생님의 헌신과 열정이 있었습니다. 2022학년도에 출간한 책은 『학생주도수업을 펼치다』입니다.

[교대부초의 4대 특수 사명을 충실히 수행하겠습니다] 영역입니다. 교대부초는 공립 학교에는 학교 교육 활동 외에 사명이 있습니다. 여기에는 4가지의 공약이 있습니다.

교육부 상설 연구 학교를 충실히 운영하여 일반화시키겠습니다.입니다. 전국 국립대학교 부설 학교는 교육부장관 지정 상설 연구 학교입니다. 교육 과정의 선도적인 운영, 개정 교육 과정을 반영한 실험 교과서 적합성 검토 등의 역할을 하고 있습니다. 2019학년도부터 3년 동안은 학생 맞춤형 선택 활동 편성·운동을 통한 미래 역량 신장 주제로 연구를 했습니다. 2021년 10월에는 온라인으로 최종 결과 보고회를 가져 많은 호응을 얻었고, 2022 개정 교육 과정의 근간이 되기도 했습니다. 2022학년도부터는 학생 틈새 경제 활동을 통한 경제·금융 역량 신장이라는 주제로 2년 동안 운영하고 있습니다. 주제 해결을 위해 교대부초의 4대 프로젝트 수업에 경제·금융을 포함해서 운영하고 있습니다. 2022학년도 경제·금융 프로젝트 수업을 참관한 학부모들이 매우 놀라운 경험을 했다는 평가가 있었습니다.

선생님이 되고 싶다는 마음을 확인시키는 교육 실습을 하겠습니다. 대구교육대학교 학생의 교육 실습입니다. 흔히 교생 선생님들의 수업은 실습 때 담임 선생님의 수업을 많이 닮는다고 합니다. 영호가 교사로 근무할 때와 같이 밤늦은 시각까지는 실습을 운영

할 수가 없습니다. 하지만 교대생에게는 가장 실습이 힘들다고 기피 대상이 되는 학교이기도 합니다. 하지만 실습을 마칠 때는 모두가 많은 것을 배웠다고 하고 다음에도 오겠다는 다짐을 하는 학교이기도 합니다. 영호는 아침 일찍 교문에서 아이들과 교생 선생님들을 맞이하고, 교생을 대상으로 시범 수업도 합니다. 우리 선생님들은 지극정성으로 교생 선생님들과 동고동락을 합니다.

대구교대와 긴밀한 협력으로 교육 이론과 실제를 접목한 연구를 추진하겠습니다. 대구교육대학교 신임 교수님들은 초소 30시간의 수업 참관, 협의 등의 시간으로 부설초와 함께하는 시간이 있습니다. 이것은 코로나19 시대에도 그대로 진행이 되었습니다. 하지만 2020학년도부터 코로나19로 인한 공동 연구는 잠정 중단이 된 상태입니다. 올해부터는 다시 코로나19 이전의 형태로 공동 연구와 워크숍을 개최합니다. 대학에서는 이론적인 배경을 제공하고 부설초에서는 이론을 근거로 실제 교육에 접목하는 공동 연구입니다. 영호가 1997학년도에 수업발표대회 국어과 심사를 받았을 때 교육청의 장학사님이 말씀하신 "이론이 부족한 실제, 실제가 없는 이론은 사상누각이다."라는 조언이 생각납니다.

대구광역시교육청과 긴밀한 협력으로 교육 선도적 역할을 하겠습니다. 몇 년 동안 대구광역시교육청의 협력 학습 현장 지원 센터를 운영했습니다. 2022학년도부터는 대구 초등 수업 나눔 센터로

학교 가는 길 집으로 가는 길

명칭을 바꾸어서 운영을 하고 있습니다. 대구 초등 수업 나눔 센터는 두 가지 형태로 운영되고 있습니다. [요청형 지원-원스톱 학생 주도수업 컨설팅 운영-현장 요청에 따른 학생주도수업 지원 활동 실시(수업 시연, 컨설팅, 자료 지원)]입니다. 우리 학교 홈페이지 대구 초등 수업 나눔 센터에서 신청을 하면 됩니다. [선택형 지원-교학 상장 상시 수업 공유 운영-수업 공유 계획 안내를 통해 원하는 수업을 선택하여 참관 실시]입니다. 2023학년도에는 4월 5일(수)부터 12월 6일(수)까지 13회(일)에 56개 학반 수업 공유를 합니다. 교과 수업 17개 학반, 교대부초 4개 프로젝트 수업 39개 학반입니다. 공유 방법은 대면, 실시간 스트리밍, 녹화 동영상 유튜브 탑재로 총 세 가지 방법입니다. 자세한 내용은 공유 전에 공문으로 안내를 합니다.

[모든 일에 역사용 역량을 발휘하고 솔선수범 및 절차탁마하겠습니다] 영역입니다. 여기에는 세 가지의 공약이 있습니다. 주로 영호의 개인적인 언행일치, 지행합일 등의 내용입니다.

역사용으로 함께 하겠습니다. 역사용은 역지사지, 사랑, 용기의 첫 글자입니다. 졸저인 '수업. 너 나하고 결혼해'에서 선생님의 수업 역량으로 네 가지를 정했는데, 그중에서 첫 번째인 역사용 역량과 같은 의미입니다. 영호는 상대방을 존중하려고 합니다. 아이들 입장도 되어 보고, 선생님들의 입장도 되어 봅니다. 민원이 생길 때는 학부모님의 입장도 되어 봅니다. 세 가지 주제로 모든 학년에서 수업도 한 시간씩 했습니다. 사랑은 우리 학교의 인사말이기도 합니다. 물론 영호 혼자 정한 것이 아니고 교육 가족의 설문을 통해서 결정했습니다. 영호는 "용기와 두려움은 한 이불을 덮고 잔다."는 말을 좋아합니다. 모든 일에 용기를 더 많이 가지되, 약간의 두려움도 함께 가지고 있습니다. 그래야 어떤 일을 하더라도 한 번 더 생각하는 신중함이 있습니다. 해야 할 일을 피하지 않는 용기도 있지만, 하지 않아야 할 일을 과감히 포기하는 용기도 있습니다.

남보다 먼저 솔선수범하겠습니다. 영호는 말을 하기 전에 생각을 합니다. 그리고 글로 적어 봅니다. 그 글을 교육 가족과 공유를 합니다. 그다음에 말을 합니다. 그리고 먼저 실천을 합니다. 이렇게 하는 데는 영호가 말이 어눌한 이유가 있기도 합니다. 흔히 언행일치, 지행합일이라는 말을 합니다. 여기서 언행과 지행은 긍정의 의미를 전제하고 있습니다. 향을 싼 종이에서는 향냄새가 나는 것은 당연한 이치입니다. 그리고 공은 선생님들에게 돌리고 책임을 영호가 진다는 말을 합니다. 선생님들이 교장을 믿고 교육 활동을 소신껏 할 수 있는 디딤돌이기도 합니다. 일의 작고 크기를 떠나서 먼저 솔선수범하고 있습니다.

늘 정진하는 절차탁마를 생활화하겠습니다. 절차탁마는 영호의 인생철학이자 수업 철학이기도 합니다. 영호가 작성하는 글에는 절차탁마라는 말이 꼭 들어갑니다. 그래서 많은 사람들이 영호 하면 절차탁마를 떠올리기도 합니다. 절차탁마는 옥을 만드는 네 가지 과정입니다. 한마디로 열심히 하자는 의미입니다. 그래서 영호는 어떤 일에도 지극정성을 다 하려고 노력합니다. 절차탁마의 기본은 겸손입니다. 그다음은 열정입니다. 그러면 일신우일신이 됩니다. 영호는 이런 과정을 절차탁마라고 생각합니다.

영호는 제일 머슴이라는 말을 좋아하고 많이 사용합니다. 제일 머슴(교장)인 영호는 우리 대구교육대학교대구부설초등학교 교육 가족을 섬기겠다는 뜻입니다. 그렇지만 이것은 언행일지, 지행합일이 되어야 진정한 제일 머슴이 됩니다. 이제 우리 대구교육대학교대구부설초등학교의 제일 머슴의 역할을 할 시간도 얼마 남지 않았습니다. "끝이 좋으면 다 좋다."는 영국 속담도 있습니다. 시종일관이라는 말도 있습니다. 제일 머슴의 역할 마무리를 잘하겠습니다.

이제 가족과 고향 등의 제일 머슴으로 하루하루를, 오늘도 참 좋은 날이 될 수 있도록 절차탁마하겠습니다.

대신역

"여보, 내일은 어디 나들이 갈까?"

"어디로요."

"오봉저수지를 가도 되고, 조마 벚꽃길이 좋다던데."

"안 그래도 지난주에 둘째 형님이 지나가는 말로 꽃구경 가자고 했어요."

토요일 오후 9시 무렵에 아내와 나눈 이야기입니다. 아내는 바로 둘째 형님(둘째 누님)과 통화를 했습니다. 둘째 누님은 첫째와 셋째 누님과 통화를 하고 토요일 밤늦게 일요일에 김천 조마면의 벚꽃길로 나들이를 가기로 결정했습니다. 셋째 누님은 선산의 시어른 댁에 가야 해서 함께 가지 못한다고 합니다.

2023년 4월 2일 일요일은 보통의 주말과는 다른 하루가 시작되었습니다. 출발하기 전에 세차부터 했습니다. 주말마다 시골을 드나들어서 안팎으로 지저분했습니다. 꽃구경을 가면서 차도 새 단장이 필요했습니다. 둘째 누님을 태우고 아포읍 제석리에 가서 첫째 누님을 태웠습니다. 알록달록한 나들이 복장입니다. 잠깐 고향의 농막에 들러서 차를 한잔씩 했습니다. 마침 이장님도 포도밭

이랑을 고르고 있었습니다. 다른 형님도 함께 있어서 같이 차를 마셨습니다. 농각물은 주말이라고 성장을 멈추는 것도 아니니 때를 놓칠 수는 없는 것입니다.

급한 것이 없는 걸음이니 차도 천천히 몰면서 주변도 살피고 이야기꽃을 피우며 김천시 조마면 방향으로 들어섰습니다. 논밭에는 하우스가 많았습니다. 포도, 대파, 딸기 등 다양했습니다. 김천의 삼산이수[11]에서 이수의 하나인 감천을 지나니 감천의 제방 겸 도로 양쪽으로 벚꽃이 만발했습니다. 그 길을 한참을 달려서 중앙선이 없는 도로로 들어섰습니다. 한참을 달려서 임시 주차장에 차를 세우고 넷이서 걸었습니다. 가끔씩 차가 지나갔지만 한적한 시골길입니다. 가족이나 친구와 함께 봄나들이를 한 사람들이 제법 있었지만, 한적한 오전에 나들이하기를 잘했다는 생각이 들었습니다. 길을 걷다가 조마가 고향인 김천고등학교 동기 부부도 만났습니다. 사진을 찍고 파안대소하고 간식을 먹으면서 한 시간 정도 시간을 보냈습니다.

다시 차를 타고 연한 초록이 가득한 산천 사이로 난 시골길을 달렸습니다. 그 시골길을 달리다가 김천고등학교 후배이자 대구에서 초등학교 교감인 김신표의 집에 잠깐 들렀습니다. 아내도 잘 아는 후배입니다. 선걸음에 잠깐 이야기를 나누고 다음에 보자는 말

---

11) 삼산이수(三山二水)의 세 산은 북쪽으로 황간과 경계를 이루는 황악산(1111m), 남쪽으로 성주와 동쪽으로 선산과 경계를 이루는 금오산(977m), 남쪽으로 거창, 서쪽으로 무주고을과 경계를 이루는 대덕산(1290m)이다. 두 내는 대덕산에서 발원한 감천과 황악산에서 발원한 직지천이다.

을 뒤로 하고 점심을 먹으러 갔습니다. 치과 치료 중인 첫째 누님을 생각해서 칼국수를 먹었습니다. 옹심이가 다섯 개가 들어간 국수입니다. 첫째 누님이 반도 먹지 못하고 남긴 칼국수는 영호의 몫이었습니다. 고향에 있는 남동생을 생각한 누님은 바로 옆집에서 뼈해장국 2인분을 샀습니다.

"대신역에 가자. 내가 커피 살게."

둘째 누님의 제안입니다.

"대신역에?"

"대신역에 카페가 생겼잖아."

첫째 누님은 대신역에 카페가 생긴 것을 모르고 있었습니다. 시골집으로 가는 중간에 대신역에 들렀습니다. 외형은 옛날 그대로입니다. 역 이름 위에 빨간색 글씨로 CAFE가 붙어 있고, 입구의 오른쪽에 있는 빨간색 공중전화 박스가 인상적입니다. 박해수가 짓고 류영희가 쓴 대신역이라는 비가 옛 추억을 소환합니다. 주인은 남자인데 제법 필명을 가진 시인입니다. 옛날 초등학교의 오르간 등의 아기자기한 소품이 정겹습니다. 주인의 시가 적힌 시화도 곳곳에 걸려 있습니다. 창밖으로 보이는 이정표에는 대신역에서 서울까지는 263.5㎞, 부산까지는 187.2㎞라고 합니다. 이정표 뒤에 작은 고개를 넘으면 영호의 고향입니다. 그런 상념에 젖어 사진을 찍는데 기차가 휙 지나갑니다. 대신역에는 더 이상 기차가 서지를 않습니다.

대신역

　대신역은 영호에게 추억이 많은 곳입니다. 대신초등학교를 다닐 때 김천에 주산 급수 시험을 치러 갈 때 처음 기차를 탄 곳이 대신역입니다. 대신초등학교 6학년 때 경주로 1박 2일 수학여행을 갈 때도 대신역에서 출발을 해서 돌아올 때도 대신역에서 내렸습니다. 김천고등학교를 다닐 때는 기차 통학을 1년 동안 해서 1개월 정기권을 끊어서 모든 기차역에 정차를 하는 비둘기호를 타고 다녔습니다. 영호가 집에서 학교 가는 길이었고, 다시 학교에서 집으로 가는 길이었습니다.

　대구교대를 다닐 때도 1년 동안 기차 통학을 했습니다. 학교 가는 길은 대신역에서 아포역, 구미역, 사곡역, 약목역, 왜관역, 연화역, 신동역, 지천역을 거치면 대구역에 도착했습니다. 집으로 가는 길은 대구역에서 기차를 타고 학교 가는 길과 역순으로 기차역을 통과했습니다. 기차가 교통의 절대 강자였던 1980년대 초반이라 통학생과 통근하는 직장인들이 많아서 서서 갈 때도 많았습니다. 운 좋게도 앉아 가는 날이면 산천 구경을 하거나 눈을 감고 기차가 정차할 때마다 여기는 아포역 또 여기는 약목역 하면서 오가던 길이었습니다. 역시 집에서 학교 가는 길이자 다시 학교에서 집으로 가는 길이었습니다. 어머니는 때때로 늦게 오는 영호를 산 중턱에서 기다리기도 했습니다. 당시에는 그런 어머니의 마음을 잘 몰랐지만 이제는 좀 알 것 같습니다. 이제야 어머니의 마음을 좀 알 것 같은데 더 이상 어머니는 기다려 주질 않습니다.

이제는 대신역에 더 이상 기차가 서지를 않습니다. 대신역에서 엎어지면 코 닿을 거리에 있는 대신초등학교는 2015년에 폐교가 되었습니다. 600여 명의 학생이 뛰어놀았던 대신초등학교의 교정과 기차 시간이면 승강장이 비좁을 정도로 많은 인파로 북적였던 대신역에는 봄바람에 떨어지는 꽃잎만 날리는 오후입니다.

넷이서 주문한 차를 마시면서 옛날이야기를 하다가 다음 주에 할 농사 이야기를 하면서 손님이 우리뿐인 고즈넉한 대신역 카페에서 수다를 떨었습니다. 영호의 학교 가는 길과 집으로 가는 길의 거점이었던 대신역의 봄날입니다. 갑작스런 봄나들이에 생각지도 않았던 대신역 일정까지. 사월의 봄날, 참 좋은 날입니다.

화양연화

"김 선생, 오셨는가?"

"예, 형님. 오늘은 무슨 일 하실라고요."

"포도나무 죽은 게 몇 군데 있어서 묘목을 심을라고."

"예. 차 한잔하시고 시작하시지요."

"방금 전에 동회관에서 먹고 나왔어."

"그래도 한잔하시고 하시지요."

"됐어요. 그보다 저 문에 찍혀 있는 화양연화가 무슨 뜻인가?"

"화양연화는 꽃이 피고 빛난다는 뜻인데, 저는 오늘도 참 좋은 날이라는 의미로 사용하고 있습니다."

"그랬구나. 연화는 무슨 뜻인지 알겠는데, 화양이라는 글자가 무슨 뜻인지 잘 몰라서 물어봤지."

2023년 3월 11일 김천시 아포읍 대신리 밭에서 우리 고향의 이장님(시골에서는 아직도 동장이라고 많이 부름)이자 5살 위인 형님과 나눈 이야기입니다. 인근에서 샤인머스켓 포도 농사의 최고 권위자이기도 합니다. 이장님의 포도밭과 5미터 정도의 농로와 수로를 사이에 두고 마주 보고 있는 영호의 농막과 포도 농장의 비닐 문에 찍혀 있는 화양연화라는 글자를 두고 주고받은 이야기입니다.

화양연화(花樣年華)의 사전적 의미는 '인생에서 가장 아름답고 행복한 순간'을 표현하는 말입니다. 화양연화는 2000년 부산영화제 폐막작으로 선정된 영화 제목으로 널리 알려졌습니다. 왕가위 감독이 연출하고 장만옥과 양조위가 주인공으로 출연한 영화입니다. 우리나라에서는 드라마 제목, 방탄소년단의 앨범 제목이기도 합니다. 또한 노래 제목, 책 제목, 연주회나 전시회, 빵집이나 음식점 상호 등으로도 많이 사용되고 있습니다.

영호는 주중에는 학교 일에 진심을 다합니다. 주말에는 농장에 가서 농사일을 즐겁게 합니다. 어려서부터 일하는 게 습관이 되어서 그런지 농사일을 할 때 어렵고 힘들기보다는 즐겁고 행복한 순간입니다. 그래서 그냥 일하는 것도 좋지만 무엇인가 의미 있는 말을 적어 놓고 하면 좋겠다는 생각이 들어서 화양연화 문구를 새겼습니다. 아내는 어려운 말을 사용하지 말라며 핀잔을 주기도 합니다.

흔히들 "농작물은 농부의 발자국 소리를 듣고 자란다."고 합니다. 그만큼 농부의 사랑과 정성이 필요하다는 뜻입니다. 어떤 농작물이거나 사랑과 정성의 대상이 된다는 것은 농부에게 소중한 존재라는 의미입니다. 그렇게 농부에게 소중한 존재인 농작물에 사랑과 정성을 쏟는 순간은 참 좋은 시간입니다. 영호는 그런 순간이 바로 화양연화라고 생각합니다. 그래서 영호가 생각하는 화양연화는 오늘도 참 좋은 날입니다.

학교에서 교장으로 아침에 아이들을 맞이하는 순간은 참 행복합니다. 선생님들의 좋은 수업을 참관하는 것도 참 즐겁습니다. 학부모님들이 선생님들의 수업을 보고 좋아하는 것을 보면 더없이 행복합니다. 이런 순간은 모두 영호에게 화양연화입니다. 물론 민원이 생길 때도 있고, 교직원들의 갈등이 있을 때도 있습니다. 하지만 그런 민원과 갈등도 어쩌면 참 좋은 화양연화를 위한 조금 힘든 화양연화라고 생각합니다. 교장으로서 영호의 화양연화는 오늘도 참 좋은 날입니다.

오늘도 참 좋은 날에서 '도'는 조사로, '이미 어떤 것이 포함되고 그 위에 더함'의 뜻을 나타내는 보조사입니다. 또한, 둘 이상의 대상이나 사태를 똑같이 아우름을 나타내는 보조사이기도 합니다. 그래서 오늘도 참 좋은 날에서 도는 긍정의 의미입니다. 오늘도 좋다는 것은 어제도 좋다는 뜻입니다. 어제도 어제는 오늘이었습니다. 오늘도 내일이면 어제가 됩니다. 내일도 내일이 되면 오늘이 됩니다. 그래서 오늘도 참 좋은 날은 모든 날이 참 좋다는 긍정의 마음입니다.

"교장 선생님, (잠시 뜸을 들이고는) 이런 말씀 드려도 될는지 모르겠는데, (처음보다 더 뜸을 들이고는) 참 멋지십니다."

2023년 3월 16일 목요일 아침에 교문을 오르락내리락하면서 아이들을 맞이하다가 후문 쪽으로 걸어가는데 교통 봉사를 하시던 어르신이 하신 말씀입니다.

어르신 말씀에 웃음으로 화답을 하고 이유는 여쭈어보지 않았습니다. 이런저런 이유가 있겠지만, 그 이유를 알아서 좋은 기분을 흩뜨리고 싶지 않았습니다. 어르신 말씀을 듣고 영호의 목요일 하루는 화양연화가 되었습니다.

마침 교정의 살구꽃이 활짝 피었고, 벚꽃도 꽃망울이 몽실몽실한 아침이었습니다. 어르신의 참 멋지다는 말 한마디에 영호의 목요일 하루도 '오늘도 참 좋은 날'이었습니다.

영호가 학교 가는 길은 늘 화양연화였습니다.
영호가 집으로 가는 길도 늘 화양연화이길 소망합니다.
오늘도 참 좋은 날, 화양연화입니다.